KB190452

요즈음 아무 생각 없이 분주한 나

이 소중한 책을

특별히 _____님께

드립니다.

요즈음
아무 생각 없이 분주한 나

김선덕 지음

나침반

어느 순간 너무도 각박해진 나를 만난다

순수하고 해맑고 웃음도 꽤 많았는데
지금은 여유와 기쁨을 잃어버린 모습으로
일상에 그저 기계적으로 반응하고 있는 것 같다.
코 앞에 닥친 일을 해결하기에 바빴고
그 부담이 없어진 후에야 한숨을 돌렸다.

평소 "바쁘다", "정신없다"라는 말을 입에 달고 지내왔다.
도대체 '무엇을 위해 분주한지' 나에게 묻자
또렷한 대답이 나오지 않았다.
분명 출발은 꿈을 위하여,
가족 또는 사랑하는 사람들을 위하여
전진했다. 그런데 언제부터인지 방향감각을 잃었고
습관적으로 움직이는 나를 만났다.
이제는 열정도 사그라들고 그저 남은 인내를 갖고
일상의 무게를 근근히 버텨가고 있다.
아무 생각 없이 분주한 일상을 정신없이 살아가는
독자들에게 이 책이 활력소가 되길 소망한다.

출퇴근 시간과 점심시간을 활용하여

글을 완성한 것에 보람을 느낀다.
토요일도 원고 편집을 하느라
자녀들과 보내는 시간이 줄었지만
아빠의 도전을 응원하고 자랑스럽게 여겨준
아이들과 아내
그리고 가족에게 고마운 마음을 전한다.

인생은 야구와 같다.
어제는 안타를 쳤지만 오늘은 땅볼 아웃 뿐이다.
그러나 내일은 홈런을 칠 수도 있다.
땅볼 아웃 같은 이야기들도 책속에 담겨 있다.
그렇지만 제가 만난 아주 크신 분을
당신도 알게 된다면
역전 홈런의 주인공이 되어 인생을 승리로 이끌 것이다.

어느 해 겨울 문턱에서
김선덕 올림

"당신은 행복한가?"라는 질문에…

어떤 대답을 하는가?

오늘날을 4차 혁명의 시대라고 말한다. 18세기 영국의 1차 산업혁명 시대를 시작하여 전기에너지 기반의 2차산업혁명 시대를 넘어 어느덧 컴퓨터와 인터넷 기반의 3차 산업혁명 시대도 이미 넘어온 것이다.

지금 우리는 지능과 정보에 대한 기술혁명 시대인 4차 혁명 시대를 살고 있다. 로봇공학 및 인공지능, 생명공학의 새로운 분야에서 새로운 기술혁신이 나타나고 있다. 그런데 하루가 멀다 하고 급변하는 지금 이 시대를 살아가고 있지만, 이 급변하는 과학기술이 편리함을 주었을지 모르지만 우리에게 행복을 가져다주지는 않는다. 시대가 빠르게 발전하지만 자기 자신에 대한 돌봄과 서로에 대한 관심은 줄어들고 있는 것 아닌지 생각해 본다.

한 주간을 바쁘게 살다 보면 '벌써 토요일이네'라는 생각을 한다. 한 달을 살다 보면 '벌써 12월이네'라는 생각을 한다. 분주한 삶 속에서 나와 가족 그리고 삶에 대하여 찬찬히 생각할 시간은 별로 없다. 게다가 날마다 들려오는 뉴스에 귀를 기울

여보면 인간성이 상실되어 온갖 아픔과 상처와 고통의 소식으로 귀를 닫고 싶을 때가 한두 번이 아니다.

이 책에서는 이러한 고민을 집어낸다. 유년 시절을 회상하며 아름다운 시절의 추억을 통해 마음 따듯한 행복감을 느끼게 된다. 또한 지나치기 쉬운 일상과 마주하며 나의 삶은 괜찮은지 돌아볼 수 있는 기회를 갖게 된다.

지나치기 쉬운 일상 중 하나는 소중한 가족과의 삶이다. 너무 가까이 있기에 소중함을 잊고 살아갈 수 있는데 당연하게 주어지는 평범한 것이 아님을 깨닫게 해준다. 아울러 작가 자신의 삶을 이끌어가는 가치관을 소개하고 자신의 삶이 특별한 계획 아래 있음을 이야기하며 과거와 현재와 미래의 자신의 삶을 해석한다.

이어령 교수는 그의 책 〈〈디지로그〉〉에서 오늘날은 "디지로그" 감성이 필요한 시대라고 설명한다. 디지로그(digilog)란 디지털(digital)과 아날로그(analog)라는 서로 상대되는 뜻을 가진 두 개의 개념을 결합한 용어이다.

아무리 과학기술이 발전해도 인간관계의 만남 속에서 이성과 감성의 만남, 차가운 기술과 따듯한 정(情)과 믿음(信)이 만나는 삶이 필요하다는 것이다. 바쁘게 일상이 지나가지만 과거와 현재와 미래의 나와 마주하고 소중한 가족과 많은 사람들과 마주하며 하나밖에 없는 소중한 인생을 살아내야 한다.

　작가는 디지로그 감성을 가지고 독자를 초대한다. 귀한 나눔을 함께 할 수 있는 책이며 특별히 분주한 일상을 정신없이 보내고 있다면 이 책을 통해 많은 공감을 할 것이라고 생각한다. 기쁜 마음으로 이 책을 추천하며 아울러 작가가 만난 하나님을 모든 독자들이 만나기를 소망한다.

　- 박만규 담임목사(와~우리교회)

차례

추억은
행복한 나를
만나는 창

요즈음 아무 생각 없이 분주한 나는 일에 파묻혀 시선
이 일에 고정 되었다. 여유 없이 삭막한 마음이 가득할
때 '추억'을 떠올려본다. 추억은 순수했던 나를 만나는
창으로 지금과는 확연히 다른 나를 만날 수 있다. 아무
것 없어도 행복했던 예전의 나에게 여유와 즐거움을 배
운다. 그 중 여행의 추억은 삶의 기쁨을 주는 에너지였
다.

1부

1
추억, 생각만으로도 설레는 행복

이렇다 할 유년시절의 사진 한 장 없어도 눈을 감으면 이야기가 흐르고 어렴풋한 이미지들이 톡톡 떠오르는 것이 추억이다.

평상시 잊고 살다가 작은 자극이라도 받게되면 잔잔한 강가에 물고기가 공중으로 튀어 오르듯 삶에 소중했던 순간이 추억의 이름으로 재생된다.

특별히 유년시절의 추억은 잊혀지지 않는 잔잔한 행복이다.

많이 배고프던 시절 아카시아 꽃은 '하늘의 만나'였다. 녹음이 시작되는 봄에 눈송이처럼 소담한 아카시아 꽃은 귀한 간식이었다. 몇 해 전 국도를 지나다가 도로변에 활짝 핀 아카시아를 보고 설레는 마음에 차를 멈추고 향기를 맡았다. 너무 좋았다. 꽃잎 하나를 따서 입에 넣었다. 그런데 예전의 맛이 아니었다. 도저히 삼키기 어려웠다. 입안에 역겨운 맛이 감돌아 물로 여러 번 헹구었다.

어린 시절 농촌의 가을은 먹거리가 풍성했다. 밭에서 무를 뽑아 흙을 툭툭 털어내 껍질을 벗겨낸 뒤 한입 베어 물면 달콤한 무맛을 맛보며 허기를 채웠다.

숲속에는 무보다 맛난 간식이 가득했다. 다래, 머루, 으름…. 이 중 으름은 덩굴식물로 나무를 감아 타고 자라기 때문에 키보다 높은 공중에서 열매가 열린다. 잘 익은 으름은 껍질이 활짝 열려 투명한 하얀 속살을 보는 맛도 일품이었다. 으름은 씨가 너무 많아서 입안에 한참을 머금고 부지런히 움직여야 씨앗만을 골라서 뱉어낼 수 있다.

방과 후 집에 오는 길은 알밤을 주워 까먹는 즐거운 간식 시간이었다. 밤송이가 활짝 벌어지면 알밤은 자연스럽게 떨어진다. 줍는 것으로 부족해 곧 떨어질 듯한 알밤을 향해 돌을 던져 떨어뜨렸다. 가을 동안 수북하게 모아둔 알밤은 추운 겨울 화롯가에서 함께 구워 먹던 온정의 메뉴였다.

아버지께서는 집 앞 대추나무에 병충해가 들지 않도록 신경 쓰셨다. 학교를 마치고 집에 오면 매일 붉은 대추를 골라 따먹었다. 다음날도 어제만큼 붉은 대추가 보였다. 며칠 더 시간이 지나 온통 붉은 대추로 가득해지면 아버지께서는 대추를 툴툴 털어 햇볕에 정성껏 말리셨다. 이듬해 대추가 열릴 때까지 제사상에 올리려 준비하신 것이다.

옥수수 수염이 마를 때까지 수확하지 못한 옥수수는 한꺼번에 수확해 옥수수 알갱이의 수분이 증발할 때까지 가을 햇볕에 바짝 말린다. 이것은 '강냉이'로 뻥튀기 기계에서 발사되면 고소한 튀밥이 된다. 큰 비닐에 가득 담아 겨우내 먹었던 귀한 간식이었다. 튀밥을 먹고 나면 껍질 때문에 입안이 깔끄러웠다. 그렇지만 과자가 귀했던 시절, 튀밥은 소중한 간식이었다.

　가을에 추수한 검정콩을 간장에 조려낸 콩자반보다 서리태가 더 좋았다. 검정콩에 열을 가하면 콩이 탁탁 튀며 껍질이 벗겨진다. 이쯤 되면 다 익은 것이다. 한 움큼 쥐고 양손으로 비비면 껍질이 벗겨진다. 이 콩을 입안에 넣고 씹으면 고소한 맛이 일품이었다. 또 구운 콩을 곱게 빻아 인절미에 묻혀 먹었던 그 맛이 그리우면 어머니가 떠오른다.

　날씨가 추워지면 어머니는 밀가루를 반죽하고 홍두깨로 치대서 칼국수 면을 만드셨다. 씨알이 굵은 감자를 깍둑썰기해 면과 함께 끓이면 속을 따듯하게 해주는 구수한 어머니표 칼국수를 어릴 적에 너무 자주 먹어서 한동안 입에 대지 않던 음식이었다. 그래도 추워지면 생각나는 가족 음식(Soul food) 중 하나가 바로 칼국수다. 요즘은 어릴 적 먹던 깊은 손칼국수 맛을 만나기 쉽지 않아 조금 아쉽다.

　추수가 끝난 논은 아이들을 위한 귀한 놀이터가 되었다. 시골에는 마음껏 뛰어놀 수 있는 공간이 없었기에 황금 들판을 볼 때마다 추수가 빨리 시작되기를 바라곤 했다.

축구와 자치기도 하고 비료 부대를 접어 만든 글로브로 야구도 했다. 날씨가 영하로 내려가면 미리 물을 대놓은 논에는 얼음이 얼어 아이스 링크가 되었다. 썰매를 타고 놀기도 했고 아이스 하키도 했다. 산에서 적당한 모양의 나뭇가지를 베어와 다듬고 불에 구워 힘을 주어 눌러주면 ㄱ 모양의 스틱이 되었다. 이것을 들고 얼음 위에서 친구들과 아이스하키를 했던 추억이 있다. 얼음 위에서 고무 털신을 신고 뛰다 보면 자주 넘어진다. 그래도 다시 일어나 요리조리 퍽(Puck)을 몰고 가서 골을 넣으며 행복했다. 헬멧 등 안전장비는 없었지만 다치지 않고 재미있게 놀았다.

날씨가 매섭게 추워질수록 강 가장자리의 얼음은 두터워진다. 한 번은 얼음 뗏목을 타기 위해서 동네 형들 틈에 합류했다. 얼음 뗏목을 타기 위해서 가장 중요하며 제일 먼저 할 일은 안전한 뗏목 크기를 정하는 것이다. 이때 몇 사람이 탈지에 따라 얼음 크기를 정하는데 크기가 작으면 가라앉을 위험이 있다.

두 시간 정도 도끼로 내리쳐 얼음을 부수어야 얼어붙은 강의 가장자리로부터 뗏목 크기의 얼음덩어리를 분리할 수 있다. 완전히 분리시키면 커다란 얼음덩어리는 뗏목처럼 움직였다. 탑승자들은 균형을 잡고 서서 긴 대나무로 방향을 조절하며 떠다녔다. '강에 빠지지 않을까?'라는 두려움이 가져다주는 긴장감은 놀이동산의 웬만한 놀이기구보다 훨씬 더 스릴 넘쳤던 한

번의 경험이었다.

밤새 함박눈이 내린 날 아침은 아주 신이 났다. 볏짚을 가득 담은 비료 포대를 들고 소복이 쌓인 눈을 헤쳐가며 언덕 위를 오른다. 정상에 도착한 후 비료 포대를 타고 내려오면서 길을 만들었다. 처음 내려가는 길은 속도가 빠르지 않아 기울기가 완만한 구간에서는 두 발을 움직여 길을 내야 했다. 하지만 두 번째부터는 정말 빠르고 재미있다. 길이 난 곳을 따라 쌩 달려 내려오는 재미에 발에서 물이 뚝뚝 떨어질 때까지 추위를 견디며 놀았다.

겨울밤 쥐불놀이는 군불을 지피고 남은 불씨의 재활용이다. 정월 대보름까지 한참 남았지만 해가 지고 어둑어둑해지면 쥐불놀이하려고 깡통을 들고 친구들이 모여들었다. 깡통에 못 구멍을 많이 뚫고 상단 양쪽에 철사를 꿰어서 손잡이를 만든다. 집을 나서기 전 부엌 아궁이에 남아있는 불씨와 마른 나뭇가지를 총총히 꺾어 깡통 안에 넣고 둑에 모여 철사 끝을 쥐고 깡통을 돌린다. 그러면 빙빙 회전하는 깡통 안에서 마른 나뭇가지를 태운 불씨가 활활 타오르며 장관을 이룬다.
깡통을 한참 돌리다가 나무가 다 타서 불이 작아지면 개울가를 향하여 힘차게 돌리다가 공중으로 날린다. 그러면 불씨가 공중으로 퍼져 화려한 불꽃 쇼가 펼쳐진다. 그렇게 매일 밤 쥐불놀이를 하고는 깡통을 챙겨서 집으로 온다. 쥐불놀이는 정월 대보름 절정을 이루고 대보름이 지나면 약속이나 한 듯 아무도 쥐불놀이를 하지 않았다.

서편 언덕 위로 노을이 질 때까지 아버지께서 들어오지 않으면 어머니는 내게 아버지를 모셔오라고 시키셨다. 어쩌다 한 번 있는 특별한 심부름이었다. 아랫마을 구멍가게에 도착하면 예상한 대로 많이 취하신 아버지가 계셨다. 가로등 하나 없는 어두컴컴한 길을 함께 걸어오는 것이 쉽지 않았다. 집으로 오는 동안 아버지께서는 많은 이야기를 해주셨다. 그때는 어려서 아버지 말씀을 이해하지 못했는데 이제는 다시 듣고 싶어도 들을 수 없다. 나를 많이 사랑해주신 아버지께 고마운 마음을 간직한다.

어린 시절의 추억은 떠올리는 것만으로도 건조한 나의 마음을 촉촉하게 녹인다.

2
봄, 그 아름다움의 가치

    살을 에는 듯한 한파에 매서운 바람을 맞으며 꽁꽁 얼어붙은 눈길을 걷노라면 봄을 갈망하는 마음이 커진다. 한겨울이면 잠시 외출하는 것도 고통스러운데 나무와 풀들의 겨울나기는 신기하기만 하다. 봄이 오면 앙상했던 가지에 어김없이 꽃이 피고 새싹이 돋아나니 말이다.

    꽁꽁 언 땅을 파본 적이 있다. 곡괭이로 수없이 내리쳐서 얼어붙은 땅을 조금씩 파냈다. 삽으로 흙을 수월하게 퍼내기까지는 상당한 깊이를 파야 한다. 언 땅의 깊이를 알기에 봄이 되어 풀들이 파릇하게 올라오는 모습은 고통을 견디고 더해지는 푸르름이라 특별해 보인다.

    아무리 지독한 한파가 몰아쳐도 추위에 끝은 있다. 이런 지구의 움직임에 감사하다. 봄철 한파는 장난꾸러기 같다. 작은 꽃망울이 꽃샘추위의 시샘에 안쓰럽다. 꽃샘추위가 지속되어도 봄이 오는 것을 막을 수 없다. 봄은 아주 순식간에 찾아온다. 금세 꽃은 피고 돋아난 새싹이 푸른 색깔로 자연을 물들인다. 하지만 만발한 꽃의 자태는 그리 오래 머물지 않는다.

바쁘다 보면 꽃이 피고 지는 것도 놓친다. 사람도 어려움을 극복하고 환하게 웃을 때 추위를 견디고 피어난 꽃처럼 아름다워 보인다. 어려운 시기를 참아내야 꽃이 피고 향기를 퍼트릴 시간이 온다.

꽃에는 벌과 나비가 찾아와 과실을 맺고 풍년을 만들지만, 쓰레기 더미에는 파리와 모기만 꼬인다. '꽃향기에 벌과 나비가 천리를 날아가지만, 사람의 향기는 만리를 넘는다'는 '화향천리(花香千里) 인향만리(隣鄕萬里)'라는 옛말을 떠올리며 내 향기의 거리를 세어본다.

해마다 찾아오는 봄이지만 인생의 석양녘에서 맞이하는 봄의 농도는 더욱 짙다. 봄이 오는 것을 막을 수 없듯이 인생 역시, 노년으로 향해가는 것은 서글프지만 막을 수 없다. 그렇지만 인생의 봄을 기억할 수 있는 추억이 있기에 서글프지만은 않을 것이 지금에 이르도록 아름다움을 다한 행복한 결말이다.

어린 시절의 봄은 소풍과 함께 찾아왔다. 학창시절 봄 소풍은 설렘 가득한 시간이었다. 어머니께서 정성껏 싸주신 김밥에 사이다 한 병을 가방에 넣고 집을 나서는 그 발걸음이 행복했다. 학교와 집을 오가던 단조로운 일상에서 벗어난다는 자체가 어린 마음을 들뜨게 했다.

봄 소풍에서 특별한 재미는 보물찾기였다. 보물을 숨기는 선생님의 생각을 알아차리지 못한 나는 숨겨진 보물을 잘 찾지 못했다. 장기자랑은 공포의 시간이었다. 선생님과 눈이라도 마주칠까 싶어 고개를 숙이고 숨죽이며 관람하곤 했다. 그런데 이때를 기다렸다는 듯 자진해 앞으로 나와 장기를 뽐내는 친구들이 있었지만 부럽지는 않았다. 나는 나서기보다는 조용히 있는 편이었다.

소풍 길에 맛있는 것 사 먹으라며 어머니가 주신 용돈으로 과자 몇 개를 사서 가방에 넣으면 기분이 너무 좋았다. 이것을 가져와 부모님과 나누어 먹으면 소풍보다 더 행복했다. 학창시절 중 과자 파티는 이때가 유일한 기억이다.

봄의 축복 중에서 가장 큰 선물은 풍성한 식탁이다. 산과 들에 피어난 다양한 봄나물이 입맛을 돋웠다. 얼음이 녹아 개울이 열리면 겨우내 통통하게 살이 오른 다슬기를 주워 봄나물 냉이와 함께 끓이면 향기뿐 아니라 영양까지 만점이었다.

산에 오르면 이제 막 솟아오르는 고사리를 보게 된다. 봄 고사리는 줄기가 연해 똑똑 꺾인다. 하지만 잎을 맺으면 줄기가 억세져서 쉽게 꺾이지 않는다. 봄이면 엄마를 따라 고사리와 취나물 채취에 나섰다. 어린 나보다 엄마는 훨씬 빠르게 나물을 발견하셨다.

이렇게 채취한 봄나물은 가을과 겨울까지 식탁에 올랐다.

봄 칡은 아주 달콤했다. 칡을 캐기 위해서는 말라비틀어진 칡넝쿨 줄기가 묻힌 지점을 찾아야 한다. 줄기를 따라 땅을 파 내면 알이 통통하게 오른 뿌리가 보인다. 땀 흘리며 캐낸 칡뿌 리의 껍질을 벗겨 입에 넣으면 향긋하고 달콤한 칡즙이 입안을 가득 채운다.

칡을 캐서 내려오다가 두릅을 보게 된다. 두릅은 두릅나무에 달리는 새순으로 독특한 향과 영양이 으뜸이다. 내 키보다 높 은 줄기 끝에 이제 막 올라온 연한 새순을 따려면 가시가 많아 서 찔리지 않도록 조심해야 한다. 두릅은 한 나무에서 한번 새 순이 올라오기 때문에 가장 먼저 발견한 사람이 주인이며 야산 에서 군락을 지어 있기에 한자리에서 많은 양을 채취할 수 있 다. 갓 따온 두릅을 데쳐서 초고추장에 찍어 먹으면 봄기운이 저절로 느껴진다.

입이 까칠한 봄에는 찔레 순만큼 좋은 간식이 없다. 찔레나 무 줄기에 연하게 올라온 줄기를 뚝 꺾어서 껍질을 벗겨 먹으 면 맛있는 자연 간식이다.

둘째가 초등학교 1학년 때 함께 산을 오르다 연한 찔레 줄기 를 발견하고는 꺾어 "아빠가 어릴 때 먹던 간식"이라며 입안에 넣어주었다. 유쾌한 맛이 아니었는지 금세 뱉고는 이해하지 못 하겠다는 표정을 지었다. 나도 조심스럽게 입에 넣었더니 맛이 이상했다. 입맛이 변한 모양이었다.

신록이 우거지면 산은 싱그럽다. 일상에 지친 사람들에게 푸르름이 가득한 자연은 힐링센터가 된다. 답답하던 체증과 심적 불편함이 떠나가고 편안함을 얻을 수 있다. 자연은 분주한 사람의 마음을 넉넉하게 품어주기에 자연이 베푸는 위대함에 늘 감사하다.

계절이 바뀔 때마다 감정 변화에 민감한 사람들이 있다. 지독한 외로움에 시달리는 사람이 있는 반면 달려갈 길이 바쁠수록 계절 변화에 무심하기도 하다. 너무 민감하거나 둔감한 것은 경계해야겠지만 계절의 변화는 축복이다. 특히 봄의 생기는 우리에게 많은 에너지를 준다. 봄이면 자연 속에서 포근함과 편안함을 얻는다. 하지만 봄은 오래 머물지 않는다. 봄을 느끼려고 하면 이미 지나가 버렸다. 인생의 봄도 마찬가지인 것 같다.

3

부모님 일손을 돕던 나의 '어린이날'

평상시 자주 놀아주지 못한 미안한 마음에 자녀들이 원하는 장소에서 어린이날을 보내려는 것이 부모의 마음이다. 그러나 도로에 나오면 그대로 교통체증에 시달리게 된다. 그럼에도 집으로 돌아오는 길에는 의무를 다한 기분이 든다.

어린 시절, 어린이날은 전혀 반갑지 않았다. 어린이날을 왜 5월로 정했는지 이해할 수 없었다. 농촌에서 5월은 가장 바쁜 농번기이다. 어린이날이 휴일이 아니라면 학교 마치고 놀 수 있었을 텐데 학교도 안 가는 그날은 내게 '노동의 날'로 여겨졌다. 아무리 생각해도 어린이날은 농촌 어린이들의 사정을 고려하지 않았다고 생각했다.

딱 한 번 어린이날 타령을 하면서 집에 머물렀는데 오히려 죄송하고 불편한 마음에 오후에는 밭으로 나갔다. 매년 어린이 날은 고추 농사를 위한 비닐 씌우기 작업을 하기에 가장 적당한 시기이다. 이 일이 여간 손이 많이 필요한 게 아니다. 그래서 비닐 씌우기 작업에 온 식구가 함께하기 위해 아버지는 미리 사전작업을 하셨다.

이른 봄 밭에 퇴비를 뿌리고 밭을 갈아엎은 뒤 둑을 쌓는다. 한편에서는 모종이 적당한 크기까지 자라도록 가꾸고 돌본다. 여기까지는 부모님께서 하셨지만 비닐 씌우기와 고추 심기는 일손이 더 필요하다. 그래서 가족이 함께할 수 있는 날에 맞춰 사전작업을 마무리해 놓으신 것이다.

비닐 씌우기 작업은 한 사람은 두루마리(Roll) 비닐을 붙잡고 한 사람이 비닐을 끌고 밭고랑 끝으로 가면 두 사람이 따라오면서 중간에 흙을 바로 올려주어야 봄바람에 비닐이 날아가지 않는다. 이후에는 모두 달라붙어서 호미나 가래를 들고 흙을 퍼서 비닐 가장자리에 덮어 견고하게 고정한다. 그러니 최소 네 명은 있어야 가능한 일이다.

막내인 나는 주로 비닐을 끌고 가는 역할을 했다. 처음에는 즐겁게 일했지만 갈수록 허리가 아프기 시작하고 작업 속도는 더딘데 남은 양은 많고 점점 지쳐서 기계적으로 몸이 반응한다. 해가 지고 어둑해질 때쯤 비닐 씌우기 작업이 모두 끝난다. 옷을 갈아입은 밭의 모습을 보며 뿌듯한 어린이날을 보냈다고 생각하곤 했다. 나는 내일 아침이면 학교에 가지만 부모님께서는 다음 과정을 위해서 다시 밭으로 나가셨다.

어린이날 내 아이를 마음껏 뛰어놀게 하고 맛있는 음식 해주고 싶지 않은 부모가 어디 있을까. 나는 함께 일하는 부모님의 마음을 이해할 수 있었다. 농사일은 정확한 때가 있다. 때에 맞춰 분주하게 움직여야 결실이 있음을 알기에 부모님 일손을 돕는 것은 지극히 당연한 일로 여겼다. 어린이날이 11월이면 좋았을 텐데 5월에 있는 것에 대한 불만이었지 일을 하는 것에 대한 불만은 없었다. 부모님의 일손을 돕고 얻는 뿌듯함으로 마음이 행복했다.

비닐 씌우기 다음으로 일손이 필요한 때는 고추 심는 날이다. 고추를 심어놓고 비가 내리면 너무 좋기에 일기예보에 따라서 어린이날에 고추를 심기도 했다. 고추 모를 밭까지 이동시키고 물을 밭까지 끌어와야 했다. 상수도가 있어서 호스로 물을 주는 것이 아니라 밭 입구에 커다란 물통을 놓고 개울까지 내려가서 양동이에 물을 가득 채우고 지게를 지어와서 물통을 채웠다. 아버지께서는 비닐이 씌워진 밭둑에 일정한 간격으로 구멍을 뚫어 모종 심을 위치를 정했다. 그러면 모종 삽으로 고추 모종을 밭에 심는다. 이어서 물을 주는 것이 내 역할이었다. 좀 더 많은 고추에 물을 주려고 물의 양을 줄이는 꾀를 부리면 부모님께서 다시 한번 물을 줘야 했다. 심겨진 고추가 작열하는 태양 아래서 고개를 숙이면 부모님 마음이 아플 것 같아서 쑥쑥 자라도록 듬뿍 물을 주었다. 마지막으로 고랑에 있는 흙을 모아서 비닐 위로 쌓아 고추 모가 견디도록 지지해 준다. 여기까지 마치면 고추 심기가 끝난다. 이 일까지는 반드시 5월 중순 안에 이루어져야 한다.

고추가 자라나면서 쓰러지지 않도록 말뚝을 박고 줄을 매 줄기를 지지해 준다. 병충해 방지를 위해서 적당한 농약을 잎사귀에 뿌려주어야 하며 발육을 위해서 비료를 주고 비닐 안에 풀이 무성하게 자라면 비닐이 손상되지 않도록 조심스럽게 들추어 풀을 뽑아내고 다시 비닐을 흙으로 고정한다.

8월이면 고추가 붉어져 수확해야 한다. 고추를 수확하는 일도 쉽지 않다. 허리를 숙여 붉게 익은 고추를 선별한 후 꼭지가 붙어있게 따야 한다. 고추의 매운 향이 무더위와 겹치면 그야말로 고역이다. 하지만 고추에 병이 들지 않고 온전하게 수확할 수 있다는 것에 감사해야 한다. 고추가 병들면 상품 가치가 떨어져 그동안 수고가 모두 수포로 돌아가기 때문이다.

수확 시기가 가까우면 병충해를 입지 않을까 노심초사 관찰하고 돌보시는 부모님의 걱정을 많이 들었다.

수확해온 고추는 연탄을 피워 난방한 건조실에서 24시간 정도 찐다. 건조실에서 꺼낸 후에는 커다란 천막에 널어서 햇빛과 자연 바람에 말린다. 고추 표면에 윤기가 흐르고 바스락거릴 정도로 마르면 큰 자루에 넣어 중량별로 담아두면 팔려는 준비가 끝난다. 힘들게 지은 한 해 농산물이 제 가격을 받지 못할 때 농부들의 쓰라린 마음이 어떤 것인지 경험했다.

　내 어린 시절의 어린이날은 부모님의 농사일을 도운 것이 대부분의 기억이다. 어른이 되어 아버지가 된 후 어린이날이 되면 아이들이 바르게 자라고 있는지 그리고 부모로서 좋은 영향력을 주고 있는지 뒤돌아본다. 그리고 5월에는 짧더라도 여행을 떠나 함께 이야기를 나누고 서로를 돌아보는 시간을 가졌다. 부모의 마음은 부모가 되어야 안다는 말의 의미를 이제 이해한다. 인생에서 부모의 무게는 결코 가볍지 않다는 것도 함께 느낀다.

4

비 오는 날의 행복

어린 시절 나는 유난히 비 오는 날을 좋아했다. 아침 잠에서 깼을 때 빗소리가 들리면 갑자기 마음이 행복했다. 양철 합판으로 된 처마에 비가 닿는 소리는 꽤 경쾌했다. 시원한 빗소리가 반가운 것은 비가 오면 어머니께서 집에 계신다는 것이다. 방과 후에 돌아오면 아무도 없는 빈집에 늘 혼자였다. 해가 지고도 한참이 지나 어두워 질 때 일과를 마치시고 집에 오셨는데 그때까지 무섭고 외로웠다. 평소보다 늦게 오시는 날이면 초조하게 집 앞을 서성이며 기다리기도 했다.

비가 내리면 등굣길이 험난한 흙탕길로 변했다. 포장길이 아닌 흙길이라서 비가 내리면 땅이 질고 작은 물웅덩이가 만들어져 바지와 신발이 축축하게 젖었다. 물웅덩이를 피해 가는 것이 고생스러웠다. 행여 빗길에 미끄러져 엉덩방아를 찧을까 신경쓰며 걸었다.

하지만 비 오는 날은 어머니께서 밭일을 못하기 때문에 학교에서 돌아 오면 어머니께서 반겨주신다는 사실만으로도 충분히 행복했다. 비 오는 날이면 어머니께서 해주신 부침개 등의 간식을 함께 먹으며 도란도란 이야기를 나누는 시간이 너무 좋았다. 평소 늦은 귀가로 대화 시간이 부족했는데 맘껏 이야기하고 위로를 받았다. 어머니께서 집에 계시니 쓸쓸하지 않아서 좋았다. 그래서 비 오는 날을 좋아했다.

다음 날 비가 개면 어머니는 일터로 나가셨다. 그리고 밖이 어둑해야 집으로 돌아오셨다. 집에 들어서자마자 나를 따뜻하게 반겨주시지만 신발에 가득 담긴 흙을 털어내는 모습을 보면 마음이 찡했다. 고단했던 하루가 느껴졌다.

집에 오신 어머니는 고단한 몸을 쉬지도 못하고 늦은 저녁을 준비하셨다. 힘겹게 준비하는 모습이 너무 안쓰러워서 내가 저녁을 준비했다. 아마 초등학교 4학년 때부터인 것 같다. 밥을 안치고 국을 끓이며 몇 가지 반찬을 만들었다. 모두 어머니의 어깨너머로 배운 것들이다. 저녁 준비는 힘들지 않았고 즐거웠다. 밭에서 수확한 호박, 가지, 오이, 고추, 감자, 아욱, 부추, 상추 등의 제철 재료들을 가지고 저녁을 준비했다. 고된 농사 일로 시장하신 부모님께서 집에 오자마자 식사하시며 "맛있다" 라고 칭찬하시면 마음이 흐뭇했다. 꾀가 나거나 늦게까지 노느라 저녁 식사를 준비하지 못한 날도 어머니는 아무 말씀이 없으셨지만 내 마음에 미안함이 가득했다.

　저녁을 먹고 나면 마당에서 밤하늘을 바라봤다. 유난히 많았던 별이 오늘 밤 보이지 않으면 '내일 아침은 행복의 연주곡을 들을 수 있겠지'라고 기대했다. 자연을 통해 소박함과 넉넉함을 채우고 단순하고 순수했던 유년 시절이 그립다.

5

소중했던 '음매 소'와의 추억

소는 나의 어린 시절을 함께한 친구 같은 존재다. 형님이 '음매 소'라고 이름을 붙여주었다. 가을 논에서 벼를 타작하고 남은 볏짚은 풀이 무성하게 자라는 이듬해 초여름까지 소의 주식이다. 볏단을 작두에 넣고 적당한 크기로 잘라 가마솥에 넣고 물을 부은 다음에 약간의 사료와 등겨를 넣고 푹 삶는다. 구수한 향기에 어떤 날은 내 입가에도 군침이 돌았다. 이를 떠서 구유에 놓아주면 소는 맛있게 먹었다. 추운 계절 늘 따듯하게 끼니를 지어 먹였으니 우리 집 소는 귀한 대접을 받은 것이다.

매일 저녁을 먹인 후에는 볏짚을 바닥에 깔아 보송보송한 소 잠자리를 준비했다. 그리고 아침이면 볏짚과 소똥을 걷어내서 두엄에 모아 두었다가 이듬해 봄, 밭에 뿌리면 토양을 살찌우는 에너지가 된다. 이렇게 매일 외양간 청소를 했다.
볏짚이 동이 날 즈음이면 풀이 지천으로 무성하게 자랐다.

이때부터는 방과 후에 소를 끌고 들판으로 나갔다. 소는 허기진 배를 채우는 기분 좋은 시간이었을 것이다. 볏짚만 먹다가 풀을 먹는 느낌은 겨우내 묵은지를 먹다가 겉절이를 먹는 것과 비슷할 것이다.

핸드폰이나 게임기가 없던 시절에는 이렇게 자연을 벗 삼아 놀았다. 소가 풀을 배불리 먹었는지는 고삐를 잡아당겼을 때 소의 반응이 나타난다. 고삐를 끌어당겼을 때 잠시 딸려오다가 고삐가 늦춰질 때마다 풀을 뜯는다면 아직 양이 차지 않았음을 경험적으로 알기에 소가 충분히 먹을 때까지 기다렸다. 풀이 무성할 때에는 잠자리도 달라졌다. 뒷동산에서 떡갈나무 잎사귀를 베어 바닥에 깔아주면 소의 표정이 행복해하는 듯 보였다.

가을 추수 때까지 소의 배를 채우는 것은 나의 하루 중 중요한 일과가 되었다.

우리 집에서 소는 특별했다. 농사가 시작되는 봄이면 소는 쟁기를 끌어 논과 밭을 갈아엎는 고된 일을 했다. 요즘은 트랙터가 하는 일을 그때는 소가 감당했다. 사람이 농기구를 들고 땅을 일구기에는 감당할 수 없을 만큼 힘이 든다. 겨우내 굳은 논과 밭을 갈아엎기 위해 쟁기를 끄는 소는 힘들고 지칠 텐데도 묵묵히 땀을 흘린다. 얼마나 힘들었는지 소의 얼굴은 땀으로 가득하고 눈망울에는 눈물이 흐른 모습을 보면 안쓰럽고 대견했다.

그러던 어느 순간부터 농사일이 기계화되기 시작하였다. 리어카 대신에 경운기로, 소의 힘으로 논과 밭을 일구는 대신에 트랙터로, 줄 놓고 손으로 모를 심는 대신에 이앙기로, 손수 낫으로 벼를 베고 수동 탈곡기로 수확하는 대신에 콤바인 등으로, 점차 농기계가 발전하였고 농민들의 농기계 구입도 늘어났다. 하지만 농사지을 땅의 크기는 그대로였다. 농사 범위는 그대로인데 사람이 하던 수고의 일부분을 농기계를 사용하여 수월하게 하였다.

당시에는 소값과 경운기 가격이 비슷했던 것으로 기억한다. 농기계를 구입하느라 목돈을 지출했는데 일부는 대출에 의존했다. 내구성이 우수하지 못한 단점은 있지만 분명 경운기는 매력적인 농기계였으며 농부들의 수고를 덜어주었다. 문제는 농기계를 사용한다고 소출이 크게 느는 것도 아니며 더군다나 농산물 가격은 시장 상황에 따라서 탄력적이었기에 원하는 가격을 받지 못할 때면 농기계의 대출금을 감당할 수 없어 힘들어하는 농민들이 있었다. 한정된 땅에서 같은 작물을 농사지을 때 방법만 바뀌었다고 소출과 시장 상황이 달라지지 않기에 아버지께서는 한결같이 소를 고집하셨다.

우리 집에서 소가 특별했던 이유는 또 있다. 경운기는 쓰다가 고장이 나면 목돈을 주고 다시 구입해야 한다. 마찬가지로 소에게도 수명은 있지만 생명도 있다. 바로 송아지다. 소는 봄에는 농사일을 도우면서 한편으로는 송아지로 보답했다. 인공 수정으로 약 아홉 달 만에 송아지를 낳으니 거의 일 년에 한 마리씩 송아지를 낳은 셈이다. 그리고 송아지는 일 년 정도 키우면 어느덧 자라서 팔면 가계에 큰 보탬이 되었다.

　음매 소가 송아지를 낳고 외양간에 머물며 회복될 때까지는 직접 부드러운 풀을 베어다 주고 떡갈나무 잎사귀를 더욱 두툼하게 바닥에 깔아주는 등 더 정성스럽게 돌보았다. 아버지는 소가 원하는 것을 아셨고 직접 또는 나를 통해서 모든 것을 챙기셨다. 음매 소가 기운을 회복하면 송아지를 데리고 풀을 먹이러 나갔다. 소는 고삐로 얼마든지 통제 가능했다. 물론 우리는 서로 통했기에 불편함이 없었다. 하지만 송아지는 묶어 두지 않으니 이리 뛰고 저리 뛰며 자유를 만끽했다. 그러다가 남의 밭에 들어가 농작물에 피해라도 줄까 봐 쩔쩔매며 쫓아다녔다.

　어느덧 자란 송아지를 팔 날이 가까우면 소의 행동이 사나워지고 며칠 동안 서성이며 슬퍼하곤 했다. 음매 소에게 너무 미안했다. 나도 송아지가 그리워 마음이 좋지 않았다. 생각해보면 소는 유년 시절을 함께 보낸 우직한 친구였다. 가끔은 말없이도 서로를 알 수 있었던 그때 그 친구 음매 소가 그립다.

6

한여름의 축복,
집 앞 개울 수영장

집 앞에는 작은 개울이 있었고 개울을 따라서 논농사가 이루어졌다. 가뭄에 대비해 개울을 막아 일정량의 물을 가두어 둘 수 있는 물 막음 보가 설치되었고 제법 물이 가두어져 여름이면 아이들의 수영장이 되었다. 이곳이 집 앞이라 좋았다. 초등학생들이 수영하기에도 적당했고 조금 상류로 올라가면 수심이 낮아 땅 짚고 헤엄을 치면서 수영을 익히기에 적당했다. 누구도 가르쳐 주지 않았지만 손으로 땅 짚고 헤엄을 치기 시작하면서 물에 적응이 되었고 조금씩 손을 떼고 움직이다가 어느 순간 수영을 하게 되었다. 제대로 수영을 배워 본 적도 없지만 잠수까지 하며 마음껏 놀았다. 집 앞에 물놀이를 할 수 있는 개울은 축복이었다.

개울 양옆으로는 수초가 가득해서 모기와 벌레들이 많았고 이끼를 머금고 있는 돌을 밟으면 쉽게 미끄러졌다. 그런데 태풍과 홍수가 한번 쓸고 지나가면 물속에 이끼와 수초들도 깨끗이 씻겨 아주 깔끔해졌다.

덕분에 여름방학 내내 쾌적한 환경에서 물놀이를 하며 보냈다. 물은 정말 깨끗했다. 상류의 물은 식수로 사용되었고 1급수에서만 자라는 어류들도 많았다. 선풍기조차 귀했던 시절이라 무더위에 땀을 흘리면 차가운 개울로 풍덩 뛰어들어 더위를 식히며 수영의 즐거움을 만끽했다.

무더위에 지쳐 혀를 길게 내미는 강아지도 데려갔다. 내가 먼저 물에 들어가 목줄을 당기면 물가에 있던 강아지는 끌려오지 않으려고 발버둥을 치며 줄다리기를 했지만 한번 물속에 들어오면 나보다 수영을 잘했다. 물개처럼 물속으로 들어가지는 못하지만 물개는 얼굴을 수면 위로 둔 채 수영을 제법 했다.

그 시절에는 집집마다 샤워 장소가 마땅치 않았다. 때문에 저녁에는 어른들도, 중고등학생 형들도 무더위를 식힐 겸 샤워를 하러 개울 수영장으로 몰려들었다. 형들과는 거리를 두고 경계를 하면서 놀았다. 우리를 붙잡고서 물을 먹이는 등 골탕을 먹일 때가 있기 때문이다.

평소 형들이 수영하는 곳은 비교적 큰 개 천이었다. 수질 상태는 별로였지만 수심이 깊어 건너편까지 가려면 수영 실력과

담력까지 필요했다. 수영뿐 아니라 물고기까지 잡았기 때문에 형들은 이곳에서 놀았다.

어느덧 수영 실력에 자신이 붙었을 즈음 형들을 따라 이곳에 갔다. 막상 물 앞에 서니 압도 당했는지 두려움이 밀려왔다. 수영하다 쥐가 나거나 힘에 부쳐서 반대편까지 다다를 수 없을 거란 두려운 생각에 사로잡혔다. 물뱀이나 커다란 물고기가 나올 것 같은 염려도 들었다. 하지만 나 홀로 겁쟁이가 되어 포기할 수는 없었다. 수영을 시작하고 얼마나 왔는지 뒤를 돌아보니 중간 정도 왔다. 순간 엄청난 자신감이 생겼다. '형들이 노는 곳도 별것 아니구나'라는 생각이 들었다. 다 도착해 보 벽을 짚고 일어서려는 순간에 몸에 균형을 잃고 미끄러졌다. 익사하는 줄 알았는데 함께 수영하던 형들의 도움으로 구조되었다. 처음으로 물의 무서움을 깨닫는 순간이었다.

수영은 에너지 소모가 많은 운동이다. 물속에서 몇 시간을 놀고 나면 배가 고팠다. 그러면 우리는 물고기를 잡았다. 낮은 개울가에는 돌이 많다. 조심스럽게 양손으로 돌을 포위해 돌 밑으로 손을 넣을 때 약간의 공간이 생겨서 물고기가 빠져나가지 않도록 천천히 손을 움직이며 물고기를 찾는다. 물론 물고기가 없을 수도 있다. 하지만 돌 밑에 물고기가 있을 때는 손에 닿는 느낌이 있다.

쏘가리는 가시로 손을 찌르는데 무척 따갑다. 이럴 때 움찔하여 손을 움직이면 그 공간으로 물고기가 도망간다. 하지만 계속 손을 좁혀서 양손으로 물고기를 들어 올리면 게임이 종료되었다. 움직임이 빠르지 않은 붕어나 피라미들은 비교적 쉽게 잡아 올릴 수 있었다.

한꺼번에 많은 물고기를 잡기 위해서는 족대를 사용했다. 펼쳐놓은 족대를 향해 다리를 부지런히 움직이며 몰아가면 당황한 물고기들이 그대로 족대에 걸렸다. 가장 많이 족대에 들어온 물고기는 미꾸라지와 피라미였다. 이것을 집으로 가져오면 어머니께서 맛있는 매운탕을 끓이셨고 아버지께서 아주 좋아하셨다. 여름철에 맛보던 특별한 별미였다. 개울은 유년 시절의 다양한 추억이 깃든 행복한 기억이다.

세월은 유수처럼 흘렀지만 유년 시절의 추억은 여전히 생생한 잊혀지지 않는 그리움이다. 나이를 먹으니 '추억을 먹고산다'는 의미가 비로소 깨달아졌다. 유년 시절의 추억은 삶에 잔잔한 미소를 꽃 피운다.

7

삶의 활력 에너지, 여행의 추억

여행은 삶에 특별한 에너지를 만들고 나를 돌아보는 시간이 된다. 다른 사람들의 모습을 보며 나와 다른 차이를 깨닫는다. 그래서 여행의 느낌을 기록해야 잊지 않는다.

여행의 시작은 배움이며, 마침은 추억이다.

여행의 즐거움 중 하나는 새로운 볼거리를 만나는 것인데 내용을 미리 알고 보면 감동이 커진다. 아는 만큼 보이고 감동도 다르기에 사전 공부가 필요하다. 낯선 사람과 문화 그리고 언어의 벽으로 걱정이 앞서지만 보디랭귀지로 소통하는 것도 좋은 경험이다. 그러면서 얻어지는 것이 많다.

유럽 사람들은 따뜻한 미소를 머금고 살아간다. 처음 마주한 나에게도 반가운 미소를 건넸다. 친분이 있는 사이는 가볍게 안고 양 볼을 순서대로 마주 대며 정겨움을 나눈다. 서로 간에 대화하는 것을 좋아하며 대화를 나누는 모습에도 정겨움이 넘친다. 평화롭고 여유로운 삶을 누리는 그들의 모습을 보면서 정신없이 바쁘게 사는 나는 "무엇 때문에 그렇게 분주하지?"라는 물음과 함께 여행의 추억을 담았다.

독일에서 가장 인상적인 기억은 카니발(Carnival)이었다. 마인츠(Mainz)에 도착하니 거리는 그야말로 축제의 열기로 뜨거웠다. 사람들은 각자 독특한 의상과 분장을 했다. 아이언맨, 스파이더맨, 미니언, 스머프, 슈퍼 밴드 등 인기 캐릭터 분장들도 많았다. 그 속에서 아무런 꾸밈을 하지 않은 내가 도드라져 보였다. 음악에 맞추어 춤을 추거나 함께 어울려서 재미있게 즐기는 축제의 문화가 신기하고 재미있고 부러웠다.

카니발의 역사적 배경은 사순절부터 시작된다. 사순절은 부활주일 전까지 여섯 번 주일을 제외한 사십일 기간을 말하며 그 시작은 재의 수요일이다. 얼굴 분장은 슬퍼하며 재를 뿌린 것에서(에 4:1) 유래한 것으로 보인다. 이 기간에는 육류를 먹지 않고 엄격한 절제 생활을 했다. 그래서 유럽 사람들은 사순절이 시작되기 전 마음껏 놀자고 만든 문화가 카니발이었다. 카니발을 즐기는 모습에서 부활절(Easter) 모습이 어떨지 궁금했다. 인쇄술의 개발로 성경을 값싸게 판매하여 대중들도 성서를 소유하게 만들었던 구텐베르크(Gutenberg), 그의 고향 마인츠에서 경험한 카니발은 느낌이 달랐다.

독일 사람들과 저녁식사를 함께 했는데 메뉴 추천보다 맥주

자랑을 더 하면서 이 음식점에서는 직접 제조 시설을 갖추고 오랜 세월 맥주를 만들어 맛이 최고라며 권했다. 술을 사양하니 물 대신 자녀들도 마신다는 무 알코올 맥주를 추천했다. 독일의 맥주는 수질과 관련이 깊다. 독일의 지하수는 석회수이기에 이를 대용할 음료로 맥주를 개발해 발전시켰다.

맥주와 빵의 대량 소비로 도로를 따라 주변 들판은 온통 보리밭이다. 7월의 독일 모습은 보리가 익어가는 황금물결과 가을걷이 농작물이 자라가는 초록 물결이 대조되어 아름다운 풍경을 연출했다. 보리밭에서 앉아서 잘 익은 보리 이삭이 서로 부딪치며 만들어 내는 소리는 마음까지 시원케 했다. 끝없이 펼쳐진 대평원에 많은 곡식을 심고 추수하는 농부들의 수고의 땀방울이 느껴졌다.

프랑스 사람들은 역사적 가치가 있는 도시의 모습을 유지했다. 현대식 건축 구조에 비하면 불편하겠지만 역사와 전통에 강한 애정이 불편을 충분히 감내하는 듯 보였다. 파리를 3년 만에 다시 방문했을 때도 얼마 전에 다녀간 느낌으로 크게 낯설지 않았다. 그만큼 파리 시내가 크게 달라진 것이 없다는 생각을 했다. 이를 보며 우리의 도시환경을 돌아보게 만든다.

파리(Paris)에서 최고로 인상 깊었던 장소는 루브르(Louvre) 박물관이었다. 미술 교과서에서 보았던 작품들을 실제로 만나니 감회가 새로웠다. 많은 관람객들은 비너스와 모나리자 앞을 점령했다. 집채만 한 그림을 보며 도대체 어디에 놓고, 어떻게 그렸을까 전반적인 작업 과정이 궁금했다. 그림의 주제들이 삶과 죽음, 전쟁과 관련한 내용이 많았다. 그 중에서 예수그리스도와 성경에 관한 그림들이 많았고 주제가 다양했다는 점이 인상적이다. 위대한 역사 유물들이 성경을 근거해서 만들어진 문화 자체가 부러웠다.

프라하(Praha) 성을 관람하며 신성 로마(Holy Roman) 제국의 위상을 느꼈다. 프라하 성을 내려오면 블타바(Vltava) 강이 펼쳐진다. 이 강에서 가장 오래된 다리인 카렐교(Charles Most)는 보헤미안에게 단순한 다리 역할을 넘어 가장 아름다운 장소로 사랑을 받아왔다. 카렐교에서 바라본 프라하 성의 모습은 너무 아름다워서 시선이 멈춰버렸다. 한 여름 카렐교는 강바람이 불어 너무 시원했다. 카렐교에 머물러 있으니 계속해서 음악가들이 자리를 잡고 거리 공연을 했다. 거리의 연주가를 통해서 프라하 사람들이 음악을 사랑하는 민족이라는 걸 느낄 수 있었다. 오케스트라 연주회 티켓을 사서 본 공연은 깊은 감동의 시간이었다. 보헤미안의 음악적 탁월함은 타고난 차이 같다는 생각을 하게 되었다. 또한 중세 예배당 건축 기술에 놀랐다. 스피커 시설도 전혀 없는데 연주 소리가 전 공간을 감싸고 돌만큼 컸다. 그러니 이 넓은 공간에 말소리가 들려 예배가 가능하겠다는 생각이 들었다. 프라하에서의 짧은 하루는 행복한 음악 여행 시간이었다. 또한 얀 후스(Jan Hus) 동상을 바라보며 신앙의 세속화에 저항했던 그의 순수한 믿음 앞에 나를 돌아보는 시간이 되었다.

　스위스(Switzerland) 취리히에서 이탈리아 밀라노로 향하는 여정에서 알프스(Alps)는 어떠한 모습일까 기대가 되었다. 스위스는 국토의 절반 이상이 알프스산맥으로 이루어졌다. 알프스의 전모를 바라볼 수 있는 루체른(Luzern)에는 로이스(Reuss) 강변을 따라서 형성된 레스토랑들이 아름다웠다. 로이스 강에서 눈에 들어오는 것은 카펠교(Keppel)였다. 유럽에서 가장 오래된 나무 다리라고 하는데 루체른과 잘 어울렸다. 다리가 도심의 정취를 높였다는 기준으로 볼 때 한강 다리는 너무 많아 강의 경관을 헤쳤지만 상하이(Shanghai) 황포강(黃浦江)은 다리가 없어 강의 모습이 매력적이다.

　그린델발트(Grindelwald)는 고원 목장이 펼쳐진 아름다운 마을로 푸른 초원에는 옹기종기 예쁜 가옥들이 모여 있어'동화 속에 나오는 알프스 소녀 하이디(Heidi)가 살고 있지 않을까?'하는 생각이 들었다. 호텔 객실 발코니마다 울긋불긋 꽃들이 있는 모습이 그린델발트와 너무 잘 어울렸다. 만년설이 녹아 흐르는 시냇물 소리가 경쾌했다. 두 손으로 물을 떠서 얼굴에 대는 순간 정신이 번쩍 들만큼 차갑고 시원했다. 피르스트 전망대로 향하는 로프 웨이를 타고 정상에 오르니 눈 덮인 산이 위력적으로 다가왔다."참 아름다워라"찬송 가사가 입에서 나왔다. 알프스 곳곳이 너무 아름다워서 사진을 찍느라 손에서 카메라를 놓을 수가 없었다. 하지만 내 눈으로 보았던 감동이 사진에 나타나지 않아 안타까웠다.

밀라노(Milano)는 역사상 밀라노 칙령을 발표했던 종교의 중심지였다. 하얗게 빛나는 두오모(Duomo) 성당은 웅장하고 아름다웠다. 그 옆의 스칼라 극장은 문화의 중심지였음을 설명한다. 이런 곳에서 불쾌한 경험을 했다. 흑인 청년이 다가와 반강제적으로 내 손바닥에 새모이를 놓았다. 그러자 비둘기들이 손바닥으로 날라왔다. 이때 들고 있던 카메라를 빼앗아 "무료(Free)"라고 재차 강조하더니 과도하게 엎드리고 행동하면서 셔터를 눌렀다. 그런 뒤 카메라를 뒤로 감추고 "20유로"를 요구했다. 황당해서 어안이 벙벙한 순간 무리들이 몰려와 큰소리로 한마디씩 했는데 무슨 뜻인지 모르겠지만 돈을 떼어먹은 상황에 몰려 어쩔 수 없이 10유로만 주고 카메라를 찾아 자리를 떠났다. 이런 경험은 처음이다. 밀라노의 명예를 추락시키는 위인들이었다. 나중에 사진을 확인해보니 엉터리 실력이었다. '우리나라를 찾은 외국인 손님들에게 어떠한 피해도 주지 말아야겠다'고 생각했다. 나의 작은 무례함이 나라를 통째로 망신시킨다.

잘츠부르크(Salzburg)는 소금의 성이라는 의미로 소금이 특산품이다. 하지만 최고의 가치는 모차르트(Mozart)다. 그래서 판매하는 다양한 물건에 모차르트 이미지가 새겨져 있다. 모차르트가 어린시절을 보냈던 생가는 잘 보존되어 당시 피아노를 비롯해 생활모습을 느낄 수 있었고 주변 역사 지구는 고풍스러운 건물과 예스러운 골목이 상당히 아름다운 공간이었다.

거리에서 우연히 음악대학의 수업 광경을 목격했다. 커다란 창문을 통해서 내부를 볼 수 있었는데 교수와 한 학생만 있었다. 교수는 학생에게 무언가를 열심히 설명을 하다가도 일어나 교실을 왔다 갔다 하더니 피아노 건반을 부지런히 누르다 멈추고 다시 학생에게 말을 건넸다. 외형적으로 기술을 전수한다는 느낌보다 서로 고민하며 무언가를 만들어 가는 듯 보였다. 역시 모차르트 고장의 음악 수업 풍경은 인상적이었다.

네덜란드(Netherlands)를 만든 사람들은 네덜란드 사람들이라는 말이 있다. 땅의 절반이상이 바다였는데 육지로 간척했다고 한다. 거대한 둑을 만들어 땅과 땅을 연결해 바닷물을 막았고 고인 물을 퍼내기 위해서 사용한 것이 풍차다. 풍차마을에는 다양한 볼거리가 있었다. 강을 따라 세워진 풍차를 관람하고 낭만적인 전원 풍경을 산책했다. 관광 특산품 매장에서 크롬펜(Klompen) 만들기 과정을 지켜보았다. 크롬펜은 버드나무나 포플러나무를 통으로 깎아서 만든 전통 나막신으로 간척되어 물기가 많은 땅에서 발을 따뜻하게 유지시켜 주었다. 매장 직원들이 크롬펜을 신고 있었는데 걸을 때마다 딱딱 마찰음 소리가 경쾌했다.

여기저기 둘러보는데 갑자기 강한 향으로 자극하는 냄새가 있어 가보니 사람들이 옹기종기 모여서 작은 꽁치 같은 물고기를 식빵에 올려 먹고 있었다. 이 물고기는 네덜란드 사람들에게 물질적인 풍요를 가져왔던 청어(haring)였다. 연기가 새지 않도록 두툼한 담요를 덮고 연기(Smoked) 속에서 익힌 청어 맛은 독특한 향이 남아 뒷맛이 아주 강했다.

헤이그(Den Haag)의 이준 열사 기념관은 문이 잠겨있어 현판 사진만 카메라에 담고 아쉬운 발걸음을 옮겼다. 역사적인 장소에서 암울했던 우리 역사가 생각났다. 조선의 외교권을 빼앗아간 을사조약의 부당성을 알리고자 제2회 만국평화회의에 참석하기 위해 이준 열사는 부산을 출발해 이렇게 먼 이곳까지 왔건만 일본의 방해로 참석도 못하고 순국했다. 고종에게 만국평화회의를 알려서 밀사 파견을 도왔던 헐버트(Hulbert) 선교사 역시 헤이그까지 와서 특사 활동을 했다는 이유로 일본에 의해 추방당했다. 그는 미국으로 돌아가서도 미국 상원에 진술서를 제출하여 일본의 잔악성을 고발했다. 86세 노인이 된 헐버트는 해방 후 이승만 대통령의 초청으로 방한했는데 한국에 온 감회를 묻자 "나는 웨스트민스터 사원보다 한국 땅에 묻히기를 원하노라"고 했을 만큼 한국을 사랑했던 그는 한국땅을 밟고 일주일 만에 세상을 떠나 양화진에 안장되었다. 그가 했던 말은 묘비명에 새겨져 우리에게 감동을 주고 있다.

암스테르담(Amsterdam)의 한 예배당에서 음악소리가 크게 들려 안을 들여다본 순간 커다란 충격을 받았다. 이곳은 쇼핑공간으로 사용되고 있었다. 건물은 문화재로 지정되어 예전과 동일하지만 기도가 아니라 거래 장소로 변질된 모습에 충격을 받

왔다. 성전에서 장사를 하던 모습이 떠올랐다.(눅 19:45-46)

방문했던 도시마다 마을의 중심에는 예배당이 위치했다. 예배당 앞은 넓은 광장으로 휴식을 즐기는 사람들로 가득하다. 이들의 모습에서 여유가 느껴졌다. 하지만 예배당을 중심으로 한 마을 구조의 핵심은 예배다. 선조들이 힘겹게 일구어낸 믿음의 유산들을 제자리로 되돌리고 이 땅의 신앙 회복을 기도하다가 우리의 현재와 미래를 생각하자 경각심이 들었다.

미국의 역사는 1620년 청교도인들이 건강한 신앙공동체 건설을 꿈꾸며 메이플라워(Mayflower) 호를 타고 매사추세츠(Massachusetts)에 도착해 힘겨운 정착을 시작으로 해를 거듭할수록 마을이 증가해 1700년경 영국은 아메리카 땅에 13개의 식민지를 건설했다.

명예혁명 이후 영국은 식민지에 과도한 세금을 부과시켜 이주민들의 불만을 키웠다. 무엇보다 영국과는 다른 하나의 아메리카 정신이 형성되어 정치적 자주를 원했다. 이로써 1776년 독립을 선언하고 최강의 영국군을 상대로 전쟁을 시작한다. 막상 지루한 전투가 7년간 이어졌고 더 이상 전쟁비용을 감당할 수 없었던 영국은 아메리카 식민지에서 철수했다. 이로써 아메리카는 13개 주로 이루어진 연합국가를 결성했고 초대 대통령으로 워싱턴이 당선되었다.

프랑스혁명 후 미국 대표단은 나폴레옹을 만나 뉴올리언스를 팔아줄 것을 제안했다. 그런데 "루이지애나 땅 전부를 1500

만 달러에 사라"는 제안에 횡재를 얻어 미국은 이전 영토의 2배 크기가 되었다. 멕시코로부터 독립을 쟁취한 텍사스 공화국이 미국 연방에 가입을 계기로 멕시코와 전쟁을 치르고 승리하여 멕시코 땅이었던 캘리포니아, 네바다, 애리조나 등을 넘겨받아 미국 영토는 처음 독립한 때의 3배 크기가 되었다.

1848년 캘리포니아의 한 농장에서 금이 발견되자 노다지를 찾아 몰려드는 골드 러시로 서부 개발이 시작되면서 샌프란시스코가 대도시로 발전했다. 이제 미국땅은 대서양에서 태평양 연안까지 이어졌다.

노예제를 채택하는 남부와 반대하는 북부가 대등한 수준으로 맞서는 상황에서 16대 대통령으로 링컨이 당선되자 연방을 탈퇴한 남부들이 연합하여 새로운 대통령을 선출했다. 분열은 남북전쟁으로 이어졌고 결국 북군의 승리로 끝났지만 전쟁의 희생은 모두에게 상상 이상의 고통과 후유증을 남겼다.

1867년 미국은 러시아로부터 720만 달러에 알래스카를 사들였고 1959년 하와이가 미국 50번째 주가 되었다. 1900년대에는 전세계 공업제품의 1/3이 미국공장에서 생산되었다. 1914년 1차 세계대전에 참전하면서 미국은 경제적으로, 군사적으로 최강국으로 떠올랐다. 그러나 전쟁의 중단과 함께 활황이었던 수출이 급감하면서 기업들이 줄줄이 도산하게 되었다. 그리고 공항은 전세계로 확대되었다. 그런데 1939년 2차 세계대전의 시작과 함께 미국 공장들은 전쟁 물품을 생산하느라 쉴 새 없이 돌아갔고 순식간에 실업도 사라지고 공황에서 벗어났다. 노르망디 상륙작전 성공으로 독일의 항복과 원자탄 위력에 놀란 일본도 항복시켜 미국은 세계 최강국의 입지를 곤고히 하게 되었다.

미국인들의 환한 미소와 친절함 그리고 여유 있는 모습이 보기 좋았다. 또한 매너 넘치는 그들이 가진 배려의 원천은 무엇일까 생각하다 미국 역사를 통해 '자부심'이란 결론을 내렸다. 민족적 자부심이 개인에게도 영향을 미쳐 수준 높은 시민의식을 이루었고 이것이 미국사회를 지탱하는 원천이라 느꼈다. 체계적인 기초 설계가 부강한 국가로 다져지는데 바탕이 되었을 것이다.

미국 역사의 시작을 보면 어떠한 정신으로 나라의 기틀을 만들어야 하는지(시 33:12) 시사하는 바가 크다. 국민들은 자국 국기를 무척 사랑한다. 거리에도, 회사에도, 가정에도, 상점에도, 식당에도, 곳곳에 국기가 걸려있다. 국가를 사랑하는 마음과 자부심이 국기를 통해서 다가왔다.

나이아가라(Niagara) 폭포는 알프스와 더불어 자연의 위대함을 느끼게 했고 그 위상에 크게 감탄했다. 폭포 앞으로 다가서는 배의 모습을 보니 인간의 탐험 의지가 놀라웠다. 폭포 앞까지 어느 정도 다가서자 배는 엄청난 물살을 견디지 못해 뱃머리가 획 돌아갔다. 자연은 딱 거기까지만 허용했다. 그 순간 장대비 같은 물줄기가 마구 쏟아져 놀람과 경이한 함성으로 배는 아수라장이 되었다. 손에 들고 있던 DSLR 카메라가 흠뻑 젖어 고장 났지만 자연의 위대함을 경험했기에 후회는 없다.

인도(India)의 교통 문화는 놀랍고 충격적이었다. RHD(Right Hand Drive) 운전이 익숙지 않아 우회전하여 차선에 진입하면 순간 반대 차선 같은 착각이 들었다. 한국에서 우회전은 곧바로 오른쪽으로 돌면 되는데 인도에서는 길게 중앙선을 넘어 진입한다. 물론 좌회전은 반대이다. RHD 운전도 생소한데 차와 오토바이와 섞이니 운전이 마치 게임 같았다. 차선과 신호등이 없는 교차로에서는 더욱 엉켜버려 모두가 경적(Horn)을 누르며 아슬아슬 비켜갔다. 언제쯤이면 수준 높은 교통질서가 확립될지 예측이 쉽지 않다.

도로 주변에 매여있는 소들도 있었지만 길가를 자유롭게 누비는 소들도 많았다. 길 가운데 소가 지나가니 사람과 차들이 피해 다녔다. 이런 특권을 아는지 소들은 길을 누볐다. 이 또한 도심 정체의 원인이기도 하다.

인도 사람들은 대화할 때 머리를 좌우로 살짝 흔든다. 머리를 간당간당 흔드는 행위(Head Bobbing)는 상대방의 의견에 동의하거나 이해하거나 또는 감사할 때도 머리를 사용한다. 무언가를 열심히 설명했건만 그저 헤드 보빙만 하는 상대를 향해 목소리 높여 다시 말한 경험이 생각나 웃었다.

인도에서는 키 큰 사람을 많이 못 봤다. 그 이유가 음식과 관련 있다고 조심스럽게 생각했다. 식재료를 직접 불에 구워 먹는 요리가 많았다. 재료가 직접 불에 닿아 표면이 제법 탔는데 함께 식사한 인도 사람들은 탄 것에 관대했다. 까맣게 탄 부분을 열심히 떼내는 내 모습을 신기한 듯 쳐다봤다.

인도에는 채식주의자가 많고 그 취향이 다양하다. 고기는 먹지 않지만 생선은 먹거나, 고기와 생선을 먹지 않지만 계란이나 치즈 등 고기의 부산물만 먹거나, 고기와 생선은 물론 부산물까지 아예 먹지 않는 부류가 있다. 이스라엘에 코셔 마크가 있는 것처럼 인도의 한 식당에서는 접시 색으로 자신의 의사를 표현했다. 고기를 먹는 사람들은 흰색 접시를 들었고, 채식주의자들은 푸른색 접시를 선택했다. 푸른 접시를 선택한 사람들에게 "접시 색을 바꾸어 본 적이 있냐?"고 물으니 웃음을 지으며 헤드 보빙을 했다.

책에서 보았던 인도에 관한 소개보다 더 많고 더 좋은 변화들을 목격했다. 하지만 극빈 계층은 온 가족이 허름한 천막에서 살고있었다. 문맹 문제와 그로 인한 빈부격차 문제가 심각했다. 인도 사람들의 고정된 틀이 있음을 느끼며 그것이 종교적 구속이었다면 벗어버리고 자유를 누리길 소망한다.

"진리를 알지니 진리가 너희를 자유롭게 하리라"(요 8: 32)

소중한 삶을
건강하게
일구는 힘

요즈음 아무 생각 없이 분주한 나는 삶의 방향을 잠시 놓칠 때가 있다. 그런데도 흐름을 놓치지 않는 힘은 건강하게 삶을 일구려는 노력 때문이다. 일상에서 마주하는 다양한 문제들 그리고 사람들, 이 속에서 나의 건강성을 돌아보고 작은 역할을 감당하며 오늘을 사는 나를 격려한다.

2부

1

향기의 매력

꽃, 차, 과일 등에서 퍼져 나오는 냄새를 향기로 표현하며 그 느낌을 마음속에 저장한다. 비강으로 맡는 향기(Odor) 외에도 구강으로 느끼는 맛의 향기(Flavor), 눈으로 느끼는 향기(Sight), 피부로 느끼는 향기(Touch), 마음으로 느끼는 향기(Feeling) 등이 있다.

사람들은 향기를 좋아한다.

좋은 인상을 주기 위해서 인공적으로 향수를 사용한다. 은은하게 퍼지는 향기가 좋은 인상을 줄 수 있지만 자극적인 향기가 불편을 초래하기도 한다. 자극적인 향기에 오래 노출되면 머리가 띵해 집중에 방해가 되기도 한다.

외적인 향기도 중요하지만 사람사이에 더 중요한 것은 내적인 향기이다. 어떤 사람과는 몇마디 나누었을 뿐인데 가슴이 훈훈하며 호감을 느끼게 된다. 반면 오랜 시간을 함께해도 어떤 향기를 느끼지 못하는 사람도 있다. 물론 모든 것은 각자의 주관적인 평가다.

배가 고플 때는 음식 냄새가 최고의 향기다. 꽃향기보다 훨씬 좋다. 늦은 퇴근길 골목에서 퍼지는 갈비 냄새는 배고픔을 더욱 자극한다. 고향을 떠나온 사람에게는 고향은 어머니의 품처럼 그리움의 향기가 난다. 실향민의 애환은 상상 이상의 고통일 것이다. 외로울 때면 사람 향기가 그립다. 많은 사람들과 더불어 살아가지만 군중 속에서 느끼는 고독은 더욱 외롭다. 마음을 같이 나눌 수 있는 한 사람이 없다는 것이 외로움의 원인이다.

나는 어떠한 향기를 발하고 있을지 내가 머금고 있는 향기를 이해하는 것이 필요하다. 나의 향기가 퍼져서 타인에게 영향력이 되지 못하다면 자신의 향기를 구체화할 필요가 있다.

음식 맛이 특별한 식당은 손님들로 가득하다. 맛이 좋다고 소문이 나면 멀리서 찾아오기도 한다. 좋은 향기를 발하면 맛집과 마찬가지로 주변에 사람들이 많다. 격려와 지지를 통한 포근한 정을 얻거나 지식과 지혜를 얻어 고민의 실마리를 푸는 교훈을 얻기도 한다. 나를 찾는 사람이 많은지 그리고 주로 어떤 부류의 사람들이 찾고 있는지 생각해 볼 필요가 있다. 현실적인 사무를 위해 찾아오는지 또는 나와 더불어 일상을 공유하고 나누기 위해서 오는지 알 수 있다.

처음에는 상호 간에 호감을 통해 관계가 시작되지만 지속적인 발전을 위해서는 서로의 삶을 공유해야 한다. 생각이 통하면 더 깊은 관계로 진전될 수 있다. 내가 먼저 나를 보여주어야 상대방도 열리게 된다. 왜 내 마음을 몰라 줄까 생각하기 전에 나 역시 상대의 생각을 얼마만큼 이해하고 존중하는지 돌아보아야 한다. 내 생각과 처지를 알아주는 사람이 많다면 이 세상은 외롭지 않을 것이다.

매력적이거나 특별한 향기에 사랑과 관심이 모아지는 경향이 있다. 나도 이러한 향기를 내고 싶지만 연한 향기를 낼 수도 있다. 향기는 무르익었을 때 절정에 달한다. 어쩌면 나에게는 시간이 더 필요할 수도 있다.

자신의 주변에 향기 나는 사람들로 가득하다면 축복이다. 그런데 좋은 향기를 본인만 느끼지 못한다면 안타까운 일이다. 처음에는 좋은 향기인 줄 알았는데 조금 겪어보면 향기가 사라지는 경우도 있다. 결혼하고 마냥 좋을 줄 알았지만 얼마 안 되어 잘못 결혼했다고 후회하는 하소연이 나온다. 서로의 향기를 유지하려면 관계가 중요하다. 내 방식대로 향기를 고치려 한다면 관계만 악화된다. 배우자에게 마음이 끌렸기에 결혼까지 이어진 향기이다. 그 향기를 존중해주고 서로 성장하도록 배려와 격려가 필요하다.

우정을 나누는 사이도 비슷하다. 조금 친해 보니 좋았던 향

기가 아니라 도저히 이해하기 힘든 악취일 때도 있다. 처음에
는 너무 좋아 보여서 몰랐는데 조금 겪어보니 여러 겹 포장이
풀리면서 생각했던 것보다 전혀 다른 삶을 볼 때마다 당황스러
울 때가 있다. 그 사람의 발전을 위해 마음이 상하지 않게 조심
스레 충고할 때 긍정적으로 받아들이는 사람이 있는가 반면 황
당한 듯 자신의 생각을 말한다. 그의 대답에서 일부 인정하지
만 정작 자신의 태도는 변함이 없다는 것이다.

　사람은 무언가를 어렵게 결정하고 나면 자신의 결정이 최고
이며 더이상 쉽게 바꾸지 못하는 경향이 있다. 겉으로 볼 때와
달리 꽉 막혀서 생각의 유연성이 없는 분을 만나면 마음이 아
프다. 사람들과도 함께 일을 해보기 전까지는 외적인 모습에서
풍기는 향기가 전부인데 막상 함께 일을 해보니 더욱 그윽한
향기를 내는 분들도 있고 반면에 나의 좋은 향기마저 잃어버릴
까 함께 일하기 불편한 동료도 있다.

　레고(Lego)를 조립할 때 필요한 모양이 쉽게 눈에 띄면 신속
하게 조립한다. 반면에 모호한 설명서 때문에 도무지 해당 부
품을 찾을 수 없어 조립이 원활하지 못해 짜증나고 답답했던
경험도 있다. 레고 조립처럼 함께 일하기에 원활한 동료가 있
고 답답한 동료도 있다. 물론 답답한 동료와 일을 하려면 어려
움이 따르겠지만 계속해서 불평만 한다면 자신의 향기도 사라
질 것이다. 모든 사람의 생각과 인격이 다름을 인정해주는 것

이 실력이다.

내 입장에서는 불만을 가질 수 있지만 상대방 입장에서 볼 수 있는 안목을 갖춘다면 상대를 이해하게 된다. 자녀를 대할 때도 마찬가지다. 어른의 눈으로 보면 화가 나서 혼을 내겠지만 자녀의 입장에서 보면 위로와 격려가 필요하다.

살다 보면 잠깐 이야기를 나누어도 따듯한 느낌을 받아 계속해서 함께하고 싶은 사람이 있다. 우리는 이런 사람을 그리워한다. 향기 나는 사람은 상대를 편안하게 해준다. 같이 식사해도 불편하지 않다. 말보다 행동으로 함께 돕고 걱정해주는 따듯한 사람이다. 마치 장미 넝쿨이 담당을 넘어 꽃을 피워 향기를 이웃집까지 전하는 것과 같다. 꽃향기처럼 사랑의 언어와 행동으로 감싸주는 사람이다.

좋은 향기를 쫓아가는 것도 필요하지만 내가 먼저 좋은 향기로 살아야 한다. 인격을 향상시키지 아니하고서 계속해서 좋은 향기를 내기는 어렵다.

매일 만나는 사람들과 일상의 정보를 공유하는 것도 필요하지만 자신의 생각을 나누는 것이 더욱 의미 있다. 자신의 이야기를 나누는 것이 쉽지 않을 것이다. 도무지 할 말이 생각나지 않을 수도 있다. 잠깐의 할 말을 채울 수 없다면 나는 아무런 향기를 남기지 못할 수도 있다.

감정에 치우쳐 살지 않도록 중심이 필요하다. 특별히 섭섭하거나 억울할 때 신경 써서 감정을 돌보는 것이 필요하다. 주변 사람들과 비슷한 감정을 갖게 되더라도 무조건적인 수용이 아니라 논리적으로 판단하여 결정해야 한다. 모두가 촛불을 든다고 무조건적으로 따라 하는 것이 아니라 자신에게 필요한 합당한 논리를 가지고 행동하는 것이다. 좋지 못한 생각들이 계속해서 입력되어 일어나는 감정들에 조심해야 한다. 생각과 감정을 잘 다스리면 좋은 향기를 내고 있을 것이다.

2
누구나 꿈꾸는 행복한 인생

　인생은 단 한 번 주어진다. 누구나 한정적인 시간의 분량을 갖고 있다. 그래서 가치 있는 도전을 꿈꾸지만 인생의 대부분 시간을 빵 문제에 전념하고 있는 모습을 보며 현실적인 상황을 벗어나지 못하는 모습에 안타까운 생각이 든다. 자신의 주변을 보면 빵 문제로 크게 집착하든지 그렇지 않더라도 경제적 차이가 확연히 두드러지지 않는 것을 느낀다.

　인생의 다양성을 추구해 보는 것이 얼마나 귀한 일인가 생각하며 이 땅에서 살아가는 목적을 생각하게 된다. 빵 문제를 안고 버겁게 살려고 이 땅에 태어난 것은 아닐 것이다. 약간의 빵을 포기하면 삶에 여유가 생길 것이라 생각 된다. 이 여유를 가지고 가족과 함께 더 많은 시간을 보내거나 다양한 도전을 통해서 안목을 높이면 인생이 더욱 풍성해질 것이다.

　일터에서 남들보다 더 승진하고 많은 일을 했다고 이것이 인생의 전부이며 성공한 인생인지 생각한다. 엄청난 성공을 했다고 스스로 평가하더라도 진정 행복했던 삶인지 반문해볼 필요가 있다. 일이 즐거워서 보람으로 해온 것인지 사람에게 잘 보이고 인정받기 위해서 노력하는 것인지 동기를 바라보아야 한다. 오직 자신의 성공만을 위하여 바쁘게 달려왔다면 가족을 불편한 짐으로 여겼을 수도 있다. 자신의 성공에 대하여 주변과 가족들의 평가는 다를 수 있다. 자신은 일이 좋아서 행복했지만 가족들은 힘겨워 했을 수도 있다.

일을 마치고 회식 등으로 동료들과 대부분 저녁 시간을 보냈다면 가족에게 미안한 마음이 앞설 것이다. 단조로운 일상으로 일관했던 모습도 후회로 남을 수 있다. 전혀 경험해보지 못했던 일들이 세상에는 많은데 도전 못 하고 체념해왔다. 그렇다고 인생을 즐기기만 할 수는 없다. 마땅히 해야 할 일들을 하면서 다양한 도전으로 삶을 다채롭게(colorful) 누릴 수 있어야 한다. 일상이 단조롭다면 고민해볼 사항이다. 치열했던 고민들이 나를 발전시키기 때문이다. 조금만 관심 가지면 누릴 수 있는 일들이 무궁무진할 것이다. 의미 있는 저녁 시간을 보내는 것도 행복한 하루의 마무리가 된다. 무엇을 하든지 이 시간도 쌓이면 실력이 된다.

대부분의 한국인은 한국에서 태어나 한국에서만 살고 한국에서 생을 마감한다. 더군다나 한 지역에서만 살기도 한다. 세계는 너무 아름답고 방대하다. 일상이 분주하거나 아끼다 보면 다른 나라를 둘러볼 여유가 없었다. 그래서 모처럼 여행을 계획하였었는데 갑자기 생을 마감하게 된다면 안타까움이 클 것이다.

한국에서 태어났다고 한국에서만 살고 한국에서 생을 마감해야 한다는 원칙은 없다. 다른 나라에서도 살 수있는 기회를 억지로 포기하면 후회할 것이다. 현실적인 빵 문제에 집착하다 보면 열린 기회들을 체념하고 더욱 현실에만 매달리게 된다. 소중한 인생인데 기회를 체념하여 두고두고 후회하는 것보다 도전하여 누려보는 것이 더 좋은 결정이라 생각한다. 시기와 기회는 모두에게 찾아오는데(전 9:11) 지금의 기회를 놓치지 않겠다고 판단하면 기회를 붙잡아야 한다. 손맛만 보고 놓친 물고기를 다시 들어 올리기 어렵듯이 다음을 기약했지만 기회가 사라져버린다. 인생은 마치 기회를 붙잡는 낚시와 같다.

내가 잘 될수록 훼방이 많아지는 것이 인생이다. 사람을 통해서는 만족함이 없다. 상대를 위해서 아무리 노력을 다해도 채우지 못하는 아쉬움이 남는다. 그러니 사람에게 만족을 주려고 일하던 태도를 버리고 정직하게 일하다 보면 인기는 얻지 못할지라도 자신의 업무방식에 신뢰가 쌓이게 될 것이다. 일을 위해 일하다 보니 최선의 결과를 낼 수 있으며 훨씬 여유로운 퇴근을 할 수 있을 것이다. 그리고 즐겁게 일을 할 수 있을 것이다. 평생 해야 할 일인데 하루하루를 행복하게 사는 것이 중요하다.

　일을 가치 있게 생각하면 인생이 행복하다. 소득 총액보다 그 이상의 가치가 일 가운데 있다. 일에는 빵 문제 이상의 삶이 담겨있다. 그래서 다른 사람의 연봉과 비교되면 상심하기도 하지만 사람은 일을 떠나서 살 수가 없다.

　로또에 당첨되었던 대부분 사람들은 얻은 것보다 잃어버린 것이 더욱 많았다고 한다. 가족과 친구는 물론 일을 잃었다. 일에 대한 만족과 성취감이 삶을 행복하게 만든다. 어렵지만 연봉 크기와 상관없이 일을 사랑할 수 있어야 한다. 일은 잠시 하다가 중단하는 것이 아니라 평생 해야 하기 때문이다. 일을 통한 보람이 나를 성장시킨다. 하지만 일에 대한 만족도가 낮으면 일에 지치고 관심과 열정을 쏟기가 어렵다. 오랜 세월 동안 일에 대한 욕구불만이 지속된다면 인생 전체에 미치는 영향은 끔찍할 것이다. 일 중독(Workaholic)이 되어서는 안 된다. 일을 즐겁게 해야 한다. 그래야 행복한 인생이 된다.

　성장하기 위해서는 반드시 땀과 노력이 필요하다. 당장의 갈증 앞에서 마지막 남은 소중한 한 바가지 물을 마시면 그만이지만 이것을 양수기에 붓고 손잡이를 움직이면 필요한 만큼의 물을 끌어올려서 풍족하게 마시고 다음을 대비할 수 있다. 과연 나는 어디에 한 바가지 물을 넣어 땀을 흘리고 있는지 돌아보아야 한다. 화살 하나는 쉽게 꺾이지만 몇 개를 한꺼번에 꺾기는 불가하다. 땀과 노력이 뭉쳐지면 누구도 꺾지 못하는 강력한 힘을 얻게 된다.

내 인생이지만 내 마음대로 되지 않을 때가 많고 내 뜻대로 되었더라도 기대했던 미래보다 벗어날 수 있다. 오늘이 가장 행복한 날이었고 앞으로는 힘겹게 변해갈 수도 있다. 앞으로 나아질 것을 소망하며 힘겨운 오늘의 삶을 참는 것은 현재의 행복을 파는 것이다. 미래를 위해서 현재의 행복을 체념하는 것보다 매일 행복하고 즐겁게 사는 것이 중요하다. 일평생의 기초는 하루이며 하루하루가 합쳐서 인생이 된다. 먼 미래의 몇 년을 행복하게 사는 것보다 오늘을 행복하게 사는 것이 현명한 것 같다. 오늘을 즐겁고 열심히 산다면 미래도 긍정적일 것이다. 일상의 고달픔에 마냥 힘겨워 지쳐 있다면 그동안 내가 열심히 살아왔다는 증거다. 자신의 수고를 위로하며 고달픈 일상에서 조금 자유로워지려고 노력해야 한다. 억지라도 즐겁게 살려고 노력해야 한다. 마음만 바꾸면 행복해질 수 있다. 하루하루를 감사하며 사는 것이 방법이다.

보다 적극적으로 살기 위해서는 버킷 리스트(Bucket list)를 정해보자. 3년, 10년 그리고 평생에 걸쳐서 이루고자 하는 목표를 구체적으로 적어 봄으로써 내가 이루고자 원하는 마음의 소리를 찾아낼 수 있다. 계획을 세울 때는 가족과 공동체를 함

께 고려하여 계획한다. 목표를 갖고 사는 삶은 분명히 다를 것
이다. 소중한 인생인데 주저앉아 멈춰 있는지 삶을 돌아본다.
나의 마음이 리모컨에 의해 타락의 길로 계속해서 조정 당하
는 것 같다면 더욱 몸부림쳐야 한다. 이것도 충분히 이겨낼 수
있다.

사무엘 울만(Samuel Ullman)의 청춘(Youth)에서 마음만은 청춘이
라는 말이 위로가 아니라 실제로 청춘에 대한 도전이라고 생각
한다. 마음까지 늙으면 너무 서글픈 생각이 든다. 20대라도 목
표 없이 쾌락으로 보내는 청춘들이 있는가 하면 50대라도 열
정을 불사르며 배우거나 도전하거나 사랑하는 분들을 본다. 과
연 누구에게서 의미 있는 청춘을 느낄 수 있을까 생각해본다.

열정으로 계속해서 뜨거워지거나 적어도 현재의 온도를 유
지하는 것이 중요하다. 점점 식어가고 있다면 문제다. 인생에
청춘이 멈추면 곧바로 겨울이 다가올 것 같다. 작은 도전들로
풍년을 거두는 인생 되기를 소망한다.

3

미래를 일구는 뒷심의 힘

비전은 상상력과 통찰력 또는 미래의 전망이나 선견지명을 뜻하는 용어로 쓰인다. 시야 또는 광경의 뜻으로 출발했지만, 현재는 마음속에 품은 목표나 꿈을 의미하는 단어로 널리 쓰인다. 그러기에 인생에서 비전은 앞으로 나아가는 삶의 길로 우리는 매일 아침 그 길에 서게 된다.

가끔은 비전, 그러니까 길이 보이지 않아 헤매기도 한다. 그러다 우연히 아주 사소한 것에서 영감이 떠오르며 비전을 발견하기도 한다. 그럴 때면 마음속에 스파크(Spark)가 일어난다. 하지만 비전을 찾았다고 해서 다 실현되는 것은 아니다. 대부분의 사람들은 머릿속에 떠오른 비전을 어떻게 구체화 시켜야 할지 고민만 하다가 그냥 지나친다. 그래서 비전을 실현하는 일은 어렵고 이렇게 어려운 일을 해낸 사람들을 우리는 위인이라고 한다.

대표적 인물은 에디슨(Thomas Edison)이다. 그는 머릿속에 떠올린 형상들을 현실화했다. 축전지, 영사기, 탄소 전화기, 백열전등, 축음기 등을 발명해 위대한 업적을 만들었다. 더욱이 에디슨의 성공이 천재형이 아닌 노력형이라는 것에서 비전을 이루기 위해서는 인내가 필요하다는 것을 배운다. 에디슨의 끈기와 불굴의 의지를 이해하면서도 일이 뜻대로 되지 않으면 너무 빨리 체념했던 나를 돌아본다.

서커스(Circus)에서 동물의 왕 사자가 무대로 등장하자 조련사가 원형 고리에 불을 붙였다. 관객들이 숨죽이며 지켜보는 가운데 사자는 활활 타오르는 고리를 멋지게 넘었고 관객들은 커다란 환호와 박수를 보냈다. 사람들의 갈채를 받는 이 순간, 사자는 행복할까요? 제 대답은 "글쎄요"이다. 왜냐면 사자는 이미 야생 본능을 잃어버렸기 때문이다. 오랜 시간 인간의 손에 길들여지느라 본성을 잃어버린 사자가 행복한지 아닌지는 알 수 없지만, 서커스 무대를 장식한 사자를 보며 그동안 체념했던 일들이 떠올랐다. 유교 문화 속에서 자란 세대는 체념을 미덕처럼 자연스럽게 받아들였다. 하지만 어떠한 이유라도 체념은 성장을 가로막는다.

10년 전 아파트에 입주할 때 주변의 나무들은 내 키보다 작았다. 그런데 10년 지난 지금, 나무들은 숲을 이루어 여름이면 초록의 싱그러움과 그늘을 만들어주고 있다. 반면 10년 전 이

사하면서 받았던 화분 안의 나무는 10년이 지난 지금도 여전히 같은 크기다. 화분의 크기로 인해 뿌리가 자라지 못하기 때문에 늘 제자리에 머무른다. 사람도 목표를 향한 도전을 잃어버리면 화분 안에 심긴 나무처럼 늘 같은 모습에 머무를 수 있다. 자연의 나무들이 자라듯이 우리의 삶도 발전해야 한다.

　작은 목표라도 이루고 싶다면 목표를 구체화 시키고 그 목표를 사람들과 자주 나누어야 한다. 그래야 목표에 대한 성취욕이 생기고 힘이 생긴다. 특히 신뢰하는 사람들 앞에서 결심한 말은 생명력이 강하기에 나를 움직여 나아가게 한다. 때문에 비전을 구체화 시키고 정확한 목표를 정했다면 사람들에게 공표하고 실천해야 한다.

　하지만 일반적인 사람들은 습관적으로 비전을 구체화하지 못한다. 그냥 하루 이틀 생각하다가 그만두곤 한다. 그래서 습관이 중요하다. 우리의 삶에서 좋지 않은 것들이 습관이 되는 것을 조심해야 한다. 왜냐면 습관은 아무리 사소한 것도 바로잡기가 쉽지 않기 때문이다.

　이번만, 딱 한 번만, 마지막으로, 오늘까지만…. 이런 빌미와 타협하면 때로는 나락으로 빠지게 된다. 비전으로 향하는 길에 좋지 못한 습관들은 크고 작은 방해가 된다는 것을 깨달아야 한다. 그러기 위해서는 생각의 균형을 유지해야 한다. 생각이 한쪽으로 과도하게 쏠리면 집착하게 된다. 집착이 강해지면 분별력을 잃어 적절한 충고에도 귀 기울이지 못하게 된다. 분별력을 잃으면 비극을 경험할 수도 있다. 때문에 처음부터 생각의 균형을 유지하는 것이 좋다.

사람은 누구나 제 잘난 맛에 산다. "내가 왕년에 이런 사람이었다"라고 시절을 회상하며 과거의 업적에 집착하는 사람들이 있다. 과거의 결과를 가치 있게 여기는 것은 당연지사다. 하지만 현재의 삶이 미래지향적이지 않다면 과거의 눈부신 결과 역시 얼룩지게 될 것이다. 과거보다는 현재에 충실하며 앞으로 해야 할 일에 집중해야 한다.

과거의 풍년이 미래의 풍요를 보장하지 않는다. 앞으로도 풍성한 수확을 얻으려면 계속 심어야 한다. 분명 심은 대로 거둔다는 원칙은 통한다. 비전이 클수록 해야 할 일은 많고 가난할수록 더 많이 심어야 가난에서 벗어나게 된다. 오늘 심어야 할 것은 주어진 하루를 충실히 감당하는 것이다.

내 안의 게으름으로 인하여 마땅히 오늘 해야 할 일을 내일로 미룰 때가 있다. 탈무드에는 "할 일을 미리 하고 만찬은 뒤로 미루라"는 조언이 있다. 하지만 인생을 살다 보면 할 일을 뒤로 미루거나 일에서 도망치고 싶을 때가 많다. 그럴 때면 "손을 게으르게 놀리는 자는 가난하게 되고 손이 부지런한 자는 부하게 되느니라"(잠 10:4)는 성경 말씀을 떠올리곤 한다.

4

생산성을 높이는 사십 대

사십 대를 앞두었을 때 내 심정은 '외부 충격에 의해서 조각난 유리 파편' 같았다. 사십이 되면 무언가 이룬 것이 있을 줄 알았는데 그렇지 못했다는 생각에 초라함과 인간적인 나약함이 느껴졌다. 그 마음이 나를 괴롭혀 한참을 앓았다. 그리고 나서야 내 욕심 때문에 힘겨워했음을 깨달았다. 주어진 역할을 충실히 감당해왔지만 손에 쥔 것에 만족하지 못했던 것이다. 나이 사십을 넘어 깨달은 것은 새로운 길에서 방법을 찾는 것이 아니라 늘 해오던 일에서 열매가 맺힌다는 것이다. 그 열매는 생각지도 않은 시점에서 맺혀진다. 그리고 그 열매를 보며 삶에 특별한 보람을 느끼게 된다.

나이 사십을 불혹(不惑)이라 일컫는 것은 '세상에 정신을 빼앗겨 흐리는 일이 없다'는 뜻이다. 하지만 사십에도 새로운 길에 대한 유혹과 흔들림이 있을 수 있다. 그렇다면 하늘의 명을 깨닫는다는 오십을 일컫는 지천명(知天命)에는 똑같은 방황과 혼란 없이 확고한 신념으로 정진할지 고민할 필요가 있다.

오십 대를 충격과 흔들림 없이 맞이하기 위해서는 사십부터가 중요하다. 그러기 위해서는 포기할 것은 포기하고 인정할 것은 인정해야 한다. 어떤 이는 사십 대에도 여전히 삼십 대인 척하는 하는데 이것은 사십 대를 충실히 사는데 도움이 되지 않는다.

사십 대는 지금까지 꾸준히 해왔던 일에서 집중력을 끌어올려 생산성을 높이는 단계로 인생의 전성기를 향하여 더욱 매진해야 한다. 일에서 느슨해지고 후배들에게 훈수(mentoring)하는 시기가 아니다. 누군가에게 충고하는 것보다는 논의하며 함께 풀어가려는 자세가 필요한 시기다. 후배들에게 밀려나는 아픔을 겪기도 하지만 멈출 수 없다. 아직은 더 뛰어야 한다. 뚝심 있게 일하다 보면 분수령이 나오고 그 시간을 지나면 지금까지 했던 일들을 아름답게 마무리해 다음 세대에게 전달해주어야 한다. 사십 대는 다음 세대에 전달할 가치를 준비하는 시기이기도 하다.

바쁘게 살다 보면 아는 사람들은 많아졌지만 마음을 터놓고 솔직한 속내를 나눌 친구가 많지 않다. 그래서 더욱 외로운 사십 대…. 연어의 회귀본능처럼 학창시절 동창회가 힘을 발휘하는 시기도 바로 이때다. 사십 대 맺고 있는 친분이 남은 생애 동안 삶을 함께할 이웃이라는 말이 있다. 인간관계는 내가 노력하지 않으면 절대로 좋아지는 법이 없다. 내가 섬겨주어야 나를 기억한다. 이것이 더불어 살아온 증거이기도 하다.

자녀들이 부적 크면 이전만큼 친밀감을 유지하기 어렵다. 이때 부부 사이가 원만하면 조금은 덜 외롭다. 반대로 소통이 막혔다면 배우자로부터 위로를 받지 못해 더 외롭다. 이제라도 서로 의지하며 살고 싶지만 어긋남이 깊어서 뜻대로 되지 않는 경우도 많다. 이 상황이 되면 가정에서 기쁨을 누리지 못하고 외로움은 깊어진다. 밖에서 돈으로 구한 위로는 일시적일 뿐이다.

인생에서 자녀는 귀한 선물이자 손님이다. 결혼하면 떠나보내야 하기 때문이다. 무한책임을 갖고 자녀에게만 집중하는 필요 이상의 희생을 했다면 빨리 잊어야 좋다. 그렇지 않으면 이 희생이 노년을 우울하게 하는 덫이 될 수 있다. 자녀를 끝까지 책임지겠다고 한들 그렇게 할 수도 없는 것이 현실이다. 자녀가 요구한 대로 해주고 자녀를 끝까지 책임지겠다는 부모의 말은 독약이다. 자녀에게 "아빠가 다해 줄게"라고 말하면 자녀는 부모를 의지하게 된다. 반면 자녀가 홀로 서도록 냉정할 만큼 철저하게 지도한다면 부모에게 의지하는 마음은 줄어들 것이다.

삼사십 대까지는 배우자보다 자녀에게 정이 쏠려 자녀만 바라보고 살기에 자칫하면 자녀를 나약하게 만들 수 있다. 부모의 희생이 클수록 자녀의 마음속에는 바라는 마음이 생겨날 수 있다. 자녀를 키운 후에는 "내가 너를 어떻게 키웠는데…"라는 마음을 버려야 한다. 자식이 부모에게 할 효도는 다섯 살이면 다 끝난다는 말이 있다. 부모는 어린 자녀의 재롱만으로 이미 충분한 보상을 받았다는 뜻이다. 이에 따르면 자녀가 부모에게 주는 기쁨의 시간은 길지 않다.

그런데 아버지는 이 시기에 일에만 집중하다가 자녀의 성장 과정을 함께할 수 있는 시간을 놓쳤다면 너무 안타까운 일이다. 그래서 어떤 이들은 자식보다 손주를 더 사랑하기도 한다.

직장도 마찬가지다. 필요 이상의 희생과 헌신으로 인생의 전부를 걸고 최선을 다했지만 떠나고 나면 나의 수고를 기억하는 이는 많지 않다. 자식도 일도…. 생각하면 섭섭한 마음이 가득하겠지만 이 모든 것을 강물에 떠나보내야 한다.

자녀가 성장해 품을 떠나면 부부만 남는다. 함께 자녀를 낳고 키우며 의견 충돌로 싸우고 미워하고 갈등을 겪기도 하지만 이 시기를 참고 지혜롭게 보내면 분명 좋은 날이 올 것이다. 생면부지의 두 사람이 처음 만나 사랑했던 시절로 다시 돌아갈 것이라는 뜻이다. 주변을 돌아보면 이혼한 가정이 많다. 하지만 이혼만이 현명한 선택은 아니라고 생각한다. 이혼은 더 큰 불행을 초래할 수도, 후회를 남길 수도 있기 때문이다. 인간은 완벽하지 않다. 새로운 사람을 만나도 완벽을 기대할 수는 없다는 뜻이다. 사람에게는 누구나 많은 허물이 있고 어느 누구도 이것을 완벽하게 감당하지도 못한다.

사십 대부터는 휩쓸림을 줄여나가야 한다. 주변 영향을 받아서 분위기에 따라가는 것이 아니라 자신의 뜻대로 삶을 이끌어가야 한다.

지금까지 권위주의자로 살았다면 앞으로는 변해야 한다. 지금까지는 하고 싶은 말을 참지 않고 다 했다면 이제부터는 필요한 말만 하려고 노력해야 한다. 감정을 표현할 때에는 상대방의 기분이 어떨지 고려해야 한다. 그래야 상대의 반감을 일으키는 일을 줄일 수 있기 때문이다.

충고가 필요한 경우라면 직접 표현하기보다는 상대방이 스스로 생각하도록 배려하는 표현을 해야 한다. 마음이 불편하거나 화가 났을 때 말을 줄이고 간결한 메시지로 응대하는 것이 관계를 악화시키지 않는다. 가족은 물론 만나는 모두에게 힘과 도움을 주고 있는지 자신의 언어를 돌아보는 것이 필요하다. 사십 대를 무한 책임, 무한 부담, 무한 고독이라고 표현하는데 공감한다. 또한 이 시기에도 무한 행복이 있음을 믿는다.

5

스트레스 관리의 지혜

가장 어리석은 부모는 일터에서 받은 스트레스를 퇴근 후 가정으로 가져와 가족들에게 푸는 것이다. 일부러 그러겠냐만은 일터에서 있었던 불편한 마음이 집에서도 이어진다면 가족과 어울리면서도 냉소적이거나 또는 불필요한 짜증을 낼 수도 있다. 자녀들과의 가벼운 대화도 민감하게 반응하고 심리적으로도 불안정해져 혼자 있으려는 경향을 보이기도 한다. 이런 상태가 업무 스트레스 후에 나타나는 반응이라고 생각한다.

가족들도 몇 번은 이해하겠지만 이런 상태가 지속이 된다면 대화가 줄어들고 친밀감이 떨어질 것이다. 자녀들이 부모를 마음에서 밀어내기 시작하면 다시 회복하기가 쉽지 않다. 친밀감을 유지하기 위해서는 부모의 노력이 필요하다. 노력이 멈추면 어느 순간 관계도 멀어짐을 느끼게 된다. 일상에서 적절한 충고와 격려를 통해서 아버지의 존재감을 심어주어야 한다.

어떨 때는 자녀를 훈계하는 방식에 대한 깊은 고민이 관계를 살찌우기도 한다. 자녀가 잘못했을 때는 흥분하지 말고 차분히 자녀의 태도부터 확인해야 한다. 무조건 화를 내거나 물리적인 제재를 가하게 되면 자녀 입장에서는 잘못에 대한 처벌로 받아들여 반성을 잊어버릴 수도 있다. 자녀들은 부모의 대처방법까지 보고 배우기에 훈육할 때는 더 신경써야 한다. 때문에 잘못에 대한 처벌보다는 대화를 통해 문제를 풀어가는 것이 현명한 방법이라고 말하고 싶다. 자녀의 잘못을 보고 부모로서 느낀 감정을 진솔하게 얘기하며 앞으로의 태도 변화를 다짐받으면 충분하다.

대화를 통한 자녀교육은 친밀감을 유지할 뿐만 아니라 잘못에 대한 책임감을 길러주는데도 효과적이다.

가정에서 자녀들이 부모 눈치를 보는 상황이라면 배우자와의 관계도 화목하기 어렵다. 솔직히 자녀들과는 잠시 대화를 안 하고도 살 수 있지만 아내와 대화가 줄면 일상이 꼬인다. 대화가 줄어도 집안 행사, 살림살이 구매, 자녀의 학업 관련 등 필요한 의견은 조율하겠지만 이처럼 감정 교류 없는 통상적인 정보교환 수준의 대화만으로는 부부 사이에 친밀감을 유지할 수 없다.

스트레스가 많은 상황에서는 아내의 부탁을 들어줄 여력이 부족하다. 이때 거절하기가 미안해 비교적 쉽게 들어줄 수 있는 다른 제안을 할 때가 있다. 하지만 서로 생각과 감정이 달라서 갈등만 유발하게 되고 결국 서운한 마음만 남게 된다. 가끔은 아내의 부탁을 사소하게 여기고 "그거 하나 스스로 해결하지 못해"라고 오히려 불만을 갖기도 하며 나의 스트레스 상황도 몰라주는 걸 야속하게 생각하기도 한다. 그러면서 인간은 누구나 스스로가 가장 소중한 존재라는 것을 새삼 깨닫는다.

가족과 함께 하는 저녁 시간은 중요하다. 오늘 일터에서 최선을 다했으면 집에서는 일은 잠시 잊고 가족과 행복하게 하루를 마감해야 한다. 이것이 마라톤 같은 인생에서 평안한 삶을 유지하는 비결이다. 업무 스트레스를 가정으로 가져오지 않도록 연결고리를 끊어야 한다. 귀가하는 동안에 스트레스를 날려야 한다.

독서와 음악은 스트레스 해소에 효과적이다.

늦게 귀가해 자녀들과 시간을 가지려 하면 가족 구성원의 다음 날 아침 준비에 부담을 주게 된다. 가능한 저녁 식탁공동체를 함께하고 놀이나 대화의 시간을 꾸준히 갖는다면 친밀감을 유지하는데 도움이 될 것이다. 인생은 하루하루가 모여 만들어진다. 인생을 셈할 때 가장 소중한 가족과 보낸 시간이 적다면 억울할 것이다. 많지 않은 시간을 보냈는데 서로 사랑하지 못하고 불화만 있었다면 더욱 후회하게 될 것이다. 우리는 인생에서 가족이 차지하는 시간을 생각해야 한다. 정신적 스트레스를 잘 다스려 가족과 화목하게 보내는 것이 후회를 남기지 않는 삶이 될 것이다.

6

나를 위한 사색의 시간

삶의 공간은 항상 시끄럽다. 일터, 거리, 시장 등 가는 곳마다 시끄럽고 분주하고 복잡하다. 이런 환경의 영향으로 나도 시끄럽고 분주하고 복잡하게 살아가는 것 같다. 일터에서 하루 일과를 마치고 돌아오면 집이라고 해서 조용한 것은 아니다. TV 소리와 생활 소음 때문에 시끄럽다. 일상에서 여유 시간이 생길 때면 주로 핸드폰을 보던지 무언가를 해야지 가만히 쉬면서 시간을 보내지 않는다.

일상에서 사색의 시간이 없거나 매우 짧다. 조용한 시간을 만들어야 생각을 정돈하는데 일상이 분주하거나 주변이 시끄러우면 생각을 정돈할 시간을 누리기 어렵다.

사색의 시간에는 삶을 되돌아보고 앞으로의 일들을 어떻게 할지 생각하며 마음속에 좋은 지혜를 만나게 한다. 지난 일을 생각하며 '그때는 이렇게 할걸…'하며 후회도 한다. 후회로 얼은 교훈을 삶에 적용하면 향상된 결과를 얻게 된다.

하루를 마무리하면서 5분 정도 조용히 사색의 시간을 갖는 것은 매우 중요한 일이다. 일을 잔뜩 벌여놓고 정리를 하지 않으면 어디로 향하고 있는지 알지 못한다. 물론 일과 중에 중간중간 점검을 통해 언제, 어떻게, 누가, 무엇을 해야 할지 파악하고 있을 수 있다. 이처럼 한눈에 정리된 점검 결과라도 숨어 있는 일이 있을 수 있다. 사색은 이런 것을 찾아내는데 유익한 시간이다. 일한 만큼 정돈의 시간도 필요하다. 리더로 올라갈수록 정리를 잘해야 올바른 방향으로 일을 진척시키고 중요한 곳에 에너지를 쏟을 수 있다.

사색만큼이나 중요한 것이 바로 집안 정리정돈이다. 책, 문구, 의류, 다양한 일상용품 등의 적절한 정리정돈이 되어 있으면 필요할 때 꺼내 사용할 수 있어 불필요한 소비를 줄인다. 정리정돈의 핵심은 체계적으로 자리를 잡아주는 것이다. 이로 인해 원하는 것을 쉽게 찾고 사용 후에도 원래 위치로 되돌려 놓기 편하게 해준다.

정리정돈이 잘되어 있으면 마음도 편안하다. 나는 집안에 들어와 어수선함을 느끼면 바로 정리정돈을 시작한다. 특별한 것은 없다. 이미 꺼내어 놓은 물품들을 제자리로 되돌려 놓는 것이다. 정리정돈은 어수선한 마음을 차분히 가라앉히는데 도움이 된다. 그러면 불필요한 짜증도 날려버릴 수 있다. 정리정돈이 안 된 어수선한 환경이나 TV 등의 전자제품 소음은 편안한 휴식을 방해한다.

　나는 짜증이 날 것 같으면 빈 공간을 찾는다. 홀로 앉아 생각을 정리할 수 있을 만한 공간이면 충분하다. 5분이라도 기도하고 생각을 정돈하면 가족들을 대하는 게 훨씬 편해진다. 들떠 있던 마음이 정돈되면 짜증이 미소로 바뀌어 가족의 목소리를 들어주고 받아주던 원래의 아버지로 돌아온다.

　오늘 일과를 생각하며 후회되는 것들이 떠오르면 짧게 메모를 한다. 그리고 과거와 같은 상황이 재현되면 다른 각도로 접근하려 노력한다. 그러다보면 자연스럽게 상대방의 입장에서 생각하는 안목이 길러진다. 잘한 일들은 자신에게 적극 칭찬을 한다. 우리는 비용이 들거나 어려운 일도 아닌데 자신과 타인을 칭찬하는데 너무 인색하다. 칭찬은 고래도 춤추게 한다는데….

　사색의 시간을 가져본 사람이라면 그것이 얼마나 유익한지 이해할 것이다. 바쁘다는 핑계로 생각할 시간을 미루는 것은 조류에 떠밀려 왔다 갔다를 반복하는 것과 매한가지다. 잠시 핸드폰을 내려놓고 현재 상황을 생각한다. 생각은 하면 할수록 자라는 것이 느껴진다. 깊이 있는 생각이 자신을 발전시키기에 생각의 깊이를 키우면 만족도 커진다. 하지만 아무리 지식을 채우기 위해 노력해도 여전히 풀리지 않는 궁금증으로 목이 마르다. 인간으로서의 한계를 느끼는 것이다. 그래도 인간의 지적 호기심은 고갈되지 않기에 알아가는 것과 깨닫는 것은 너무 행복한 일이다.

　핸드폰 없는 일상은 상상할 수도 없을 만큼 핸드폰에 의지하며 살아가는 우리는 점점 더 외우거나 생각하는 힘이 약화되고 있다. 궁금한 것은 곧바로 검색 창에 단어를 입력해 쉽게 답을 찾아 해결한다. 편리하지만 검색의 도움을 빌리면 내 능력은 약해진다. 쉽게 얻은 만큼 기억의 생명력도 짧아 쉽게 잊혀진다. 더욱이 영상미디어에 의존하게 되면 영상과 소리에만 집중하기 때문에 글을 읽는 것이 점점 힘겨워진다. 그렇다면 오늘 나는 생각하고 있는가? 스스로에게 묻는다.

7

소중한 라이벌이 있어 다행

라이벌은 사전적으로 '동등 혹은 그 이상의 실력을 가진 경쟁자'를 의미한다. 라이벌(Rival)의 어원은 강(River)을 둘러싸고 이권을 차지하기 위해 경쟁을 하는 것에서 유래되었다. 서로 같은 목적을 가진 분야에서 이기거나 앞서려고 겨루는 맞수를 라이벌 관계라고 한다. 라이벌은 스포츠, 음악, 미술, 정치, 경제 등 모든 영역에서 존재한다.

때문에 축구선수와 야구선수를 라이벌로 치지 않는다. 하지만 야구선수 간에는 라이벌이 존재한다. 더욱이 같은 포지션에서는 출전기회를 잡기 위해서 경쟁이 더욱 심하다. 후보자들 간에 지지율 차이가 크지 않으면 정치적 라이벌 관계가 성립한다. 동일 또는 비슷한 제품을 판매하는 기업들은 시장 점유율을 높이기 위해 치열한 경쟁을 한다. 운동선수들은 각종 대회에서 메달 획득을 위해 자신의 라이벌을 잘 알고 있으며 경쟁에서 우위에 서기 위해 치열하게 노력한다. 우리는 학교나 직장 등에서 크고 작은 라이벌이 형성되어 경쟁 속에서 살아 간다.

라이벌 관계는 어떤 경쟁 구도에 놓여있는지가 중요하다. 정 정당당한 경쟁은 엎치락뒤치락하며 행복한 경쟁 관계를 유지 한다. 서로 동반 성장하며 비록 지금은 뒤지더라도 후유증이 작아 상대적으로 원만한 라이벌 관계를 유지한다. 반면 정보가 편파적이거나 공평하지 않은 상황에 놓인 라이벌 관계는 상생 보다 독재가 목적인 경우도 있다. 순수한 경쟁 의지를 벗어나 서로 간에 상처를 남길 수 있다는 뜻이다.

더 좋은 위치를 차지하기 위한 경쟁이라면 더욱 공정해야 한 다. 경쟁에서 우위를 차지하기 위해서 공평하지 않은 이권을 이용했다면 결과에 승복하기 어려운 상황이 된다. 결과적으로 리더십을 바르게 형성하지 못하게 된다. 라이벌 경쟁에서 이기 면 리더(Leader)가 되는 통상적인 상황에서 경쟁이 끝난 뒤에 진 사람이 리더를 따르고 협력하는 팔로워(Follower) 역할을 충실하 게 수행할 지가 중요한 일이다. 이를 계기로 라이벌 관계가 깨 지고 팔로워 존재가 사라진다면 리더 에게도 결코 도움이 되지 않는다.

라이벌 경쟁에서 우위를 차지하는 것도 중요하지만 과정이 공정했는지 역시 중요하다. 혈연, 지연, 학연 등에 의해서 선택받은 리더는 자리매김하는데 몇 배로 힘든 과정을 거쳐야 한다. 가끔은 팔로워 마음에서 리더를 인정하고 따르기까지 많은 시간이 필요할 때도 있다.

리더는 라이벌 경쟁에서 밀린 팔로워들의 지지와 순종을 받아내기 어려운 상황을 이해해야 한다. 공정하지 못한 행위로 경쟁에서 밀렸을 때 부당함을 견디지 못하는 팔로워는 더 이상의 노력을 포기할 수도 있다. 경쟁에서 우위에 있더라도 장기적으로 보면 라이벌을 상실했기에 치열한 경쟁이 없다는 것은 그만큼 노력에 있어서 둔감하기 마련이다. 이것은 모두에게 악영향을 초래한다.

라이벌 관계에서 내가 먼저 좋은 라이벌이 되도록 노력해야 한다. 라이벌 경쟁을 마치고 자신이 리더가 된다면 상대를 보살펴야 한다. 계속해서 경쟁자의 자리에 머물면서 함께 노력하는 팔로워 역할을 할 것인지가 중요하다. 자신도 팔로워가 된다면 그럴 준비가 되어있는지 점검해야 한다.

라이벌 간에는 사이가 좋다가도 균형이 깨지면 틈이 생기기 시작한다. 하지만 틈을 극복해야 한다. 리더라면 경쟁에 뒤진 자를 돌아볼 줄 알아야 하고 비전을 제시할 수 있어야 한다. 좋은 리더가 되려고 노력해야 한다는 뜻이다. 진정한 리더의 능력은 자리에서 떠나고 시간이 흘러봐야 알 수 있다. 인간의 마음속에는 모두 리더가 되고 싶은 꿈이 있다. 하지만 리더는 무리 중에서 한 사람뿐이다. 손가락과 발가락은 각각 열이지만 머리는 하나인 것과 같다. 때문에 현명한 팔로워라면 비록 내가 리더보다 유능할 지라도 리더에게 순종해야 한다. 무엇보다도 리더와 팔로워 간에 역할 존중과 신뢰 형성이 잘 자리 잡은 환경에서는 두 역할이 모두 중요하다는 것을 알고 있고 자신의 위치를 소중히 여긴다.

지금, 당신에게는 라이벌이 있나? 있다면 다행이다. 그렇다면 라이벌과 공정한 경쟁(Fair play)을 유지하면서 서로 협력하는 좋은 관계를 유지하려고 노력해야 한다. 혹시 라이벌이 없다면 자신의 분야에서 최고의 권위자를 라이벌로 선정하길 제안한다. 그는 나의 존재를 알 수 없을 것이다. 하지만 야무지게 노력하다 보면 그도 나를 라이벌로 인정하는 시간이 올 것이다. 라이벌 레벨을 높이면 더욱 노력해야 하기에 비록 그를 따라가지 못하더라도 상당한 수준까지 성장할 것이다.

배는 부둣가를 떠나 자유롭게 바다를 누빌 때 목적대로 사용되는 것이지 부두에 묶어두기 위해 건조되지 않았다. 우리도 같은 자리에만 머무르지 않고 다양한 도전을 할 수 있다. 하고 있는 일외에도 스포츠, 음악, 미술 등 관심 있는 영역에서 자신의 라이벌을 정하고 선의의 경쟁을 추구한다면 배가 바다를 누비는 것처럼 풍성한 삶의 가치를 느낄 것이다.

하지만 일상을 라이벌 관점에서만 생각하면 삶이 경쟁 일변도로 다다를 수 있다. 때문에 라이벌은 공동 운명체에 의미를 두고 함께 정을 나누는 발전적인 경쟁상대로 생각하면 좋을 것이다. 그리고 리더가 되길 원한다면 팔로워였을 때 충실해야 한다. 이것이 라이벌을 소중하게 생각하는 마음이다.

　"너희 중에 누구든지 으뜸이 되고자 하는 자는 너희의 종이 되어야 하리라"(마 20:27) 섬김의 마음이 자신에게 있는지 돌아보길 바란다.

8

좋은 이웃을 바라는 마음

이웃은 사전적으로 '나란히 또는 경계가 서로 붙어있어 가까이 사는 집 또는 그런 사람'을 의미한다. 영어로는 지역을 뜻하는 hood와 옆 사람을 뜻하는 neighbor가 결합하여 Neighborhood이다.

어린 시절 내가 살던 마을의 주택은 나란히 배치된 구조였다. 울타리가 얕거나 없어 왕래가 쉬워 서로의 형편을 저절로 파악할 수 있었다. 이른 아침 옆집 아주머니가 찾아오면 무슨 이유로 오셨는지 말하지 않아도 짐작이 됐다. 서로의 어려운 사정 잘 알고 있었기에 서로 도우며 살았다. 이것이 인심이고 이웃사랑이었다.

환경 자체가 서로를 돌아보게 되어있었다. 반면 침해받지 말아야 할 사생활까지 노출되는 취약성도 있었지만 '정(情)'이라는 감정이 쌓여 서로 포용하고 감싸며 살았다.

마을 행사를 준비할 때도 여유있는 집에서는 더 많은 부분을 감당하고 사정이 어려우면 보태지 않고도 함께 참여해 즐겼다. 이 모든 것이 서로의 사정을 알기 때문에 자연스럽게 이뤄졌다. 경제적인 것 뿐 아니라 정신적인 것도 함께 나누었다. 좋은 생각과 노하우를 공유했다. 그 결과 한 지역 공동체가 생산해낸 특산품이 지역 특산품이 되어 고장의 이름을 알리기도 했다.

그런데 지금의 도시 환경은 예전 시골 마을의 환경과 확연히 다르다. 우리나라의 땅덩이를 생각하면 아파트가 빼곡히 들어찬 수직 건축이 지극히 당연하다. 도시로 집중되는 인구를 수용하기 위해서는 수평 건축으로는 어림도 없는 일이다. 그런데 수직 건축 문화의 대표인 아파트가 늘어나면서부터 개인주의도 늘었다. 우리는 이제 옆집, 앞집, 윗집, 아랫집에 누가 사는지 모른다. 즉 이웃을 모른다. 외부로부터의 안전과 사생활 침해는 해결됐지만 이와 더불어 관심까지 차단되었다. 우리는 무정하고 무관심하고 무신경함 속에서 살아간다. 아침, 저녁으로 공동 출입구를 사용하지만 이곳에서 만나는 이웃들에게 인심을 주고받기에는 쉽지 않다. 함께 출입구를 오가며 "안녕하세요" 인사를 했더라도 언제 다시 마주칠지 모르는 일이다. 그러면서 이웃의 정 역시 퇴색되어 간다. 인정을 베풀기보다는 남에게 피해를 주지 않으면 좋은 이웃이라는 것이다.

이웃을 모르기 때문에 서로 관심도 쌓이지 않는다. 아파트에 살면서 이웃을 모르고 사는 것이 전혀 이상하지 않은 현실이 되었다. 수평 건축 문화에서 이웃은 상당히 소중한 존재였는데 수직 건축 문화에서는 이웃이 쉽게 가까워지지 않는다. 이로 인해 자녀들은 이웃과 더불어 사는 삶을 경험하지 못 한다.

나는 수평 주거 문화에서 누렸던 이웃과의 교류를 어떻게 하면 수직 문화에서도 누릴 수 있을까?를 고민했다. 세상은 혼자 살 수 없고 서로 돕고 의지하며 살아야 하는데 이웃을 모르면 각박한 삶이 될 수밖에 없다. 이건 나만의 숙제일 수 없다. 수직 문화의 한계를 안고 어떻게 이웃과 정을 나누며 더불어 살아갈지 우리 모두가 함께 모색해야 한다.

한편, 수직 주거 문화에서도 좋은 관계를 유지하는 이웃공동체가 많다. 심지어 환경을 뛰어넘어 누리며 사는 사람들도 늘고 있다. 가장 중요한 것은 이웃공동체라는 소속감과 이웃에 대해 관심을 갖는 것이다. 이웃에게는 최소한 예의를 갖추고 친절하게 반겨 인사를 나누는 것이 관심의 시작이다.

아파트에서 살면서 고충 중 하나는 층간 소음이다. 이 갈등을 없애기 위해서는 이웃에 대해 참아주고 서로를 배려해 소음을 만들지 않으려 노력하는 것이다.

지구본에서 보면 대한민국은 굉장히 작은 나라다. 때문에 내가 만나는 모든 사람이 이웃이라고 생각하면 어느 누구와도 따스한 관계를 만들 수 있다. 내가 소중한 만큼 남도 소중하다는 것을 인정하고 상대를 소중히 여겨야 한다. "네 이웃 사랑하기를 네 자신 같이하라"(갈 5:14) 이 말씀 적용이 말처럼 쉬운 일이 아니지만 노력해야 한다.

나만 잘되면 된다는 이기적인 생각은 모두를 경쟁자로 만든다. 열심히 노력했지만 순위에서 밀리면 고생하고도 위로를 받지 못한다. 경쟁 사회에서 살면서 좋은 스펙만이 인간의 가치를 인정하는 척도가 되었기에 조건에 미달되면 순위에서 밀려나고 상처를 받는다. 하지만 사람은 누구나 존귀하다(시 16:3). 이 존귀함은 스펙 순위로 평가할 수 없다. 그렇기에 내가 만나는 모든 사람에게 함부로 대해서는 안된다. 자신을 사랑하며 다른 사람을 사랑하는 사람이 좋다.

사실 살면서 손해를 본다는 것은 그다지 유쾌한 일은 아니다. 하지만 더불어 살아가려면 내가 조금 더 손해 보고, 불편을 감수하도록 노력해야 합니다. 우리 속담에 '벼는 익을수록 고개를 숙인다'고 말하지만 추수하고 남은 쭉정이는 너무 가벼워서 바람에 날아간다. 그런데 이 쭉정이가 피부에 붙으면 무척 깔끄럽다.

나의 가벼운 언행이 바람에 날려 누군가에게 고통을 주고 갈등을 만들게 된다. 가벼운 언행은 남들의 고귀함을 보지 못하

고 자신만이 특별하고 자신이 생각이 옳고 자신의 판단이 최선
이라고 생각하기 때문에 발생한다. 상대의 입장에서 생각하고
언행을 한다면 갈등은 상당히 줄어들 것이다. 양보하려는 미덕
을 품고 내가 먼저 좋은 이웃이 되면 삭막했던 이웃 관계가 소
중한 이웃으로 달라질 것이다.

9

'발표 기술'의 노하우

프레젠테이션(Presentation)은 현대사회에서 능력을 인정받는 창구가 되었다. 프레젠테이션은 발표자의 생각을 조리 있게 전달해 이해관계자들로부터 동의나 결정을 얻어내는 것을 목적으로 한다. 발표 중간에 받는 질문들에 적절히 답해 이해의 공감대를 높여 목적대로 방향을 정리하는 것이 실력이다.

프레젠테이션을 할 때 처음부터 본론을 설명하면 청취자들이 발표 내용을 따라오지 못한다. 때문에 발표는 기승전결에 따라서 해야 하며 시작은 보고의 목적과 배경을 설명한다. 프레젠테이션을 레프팅(Rafting)에 비유한다면 이는 강의 상류에 도착해 보트를 물 위에 띄우고 노를 저을 준비를 마친 것과 같다. 이제부터 강을 내려가면서 배의 최종 목적지로 향하면 된다.

성격이 급한 사람은 곧바로 결론을 듣고 싶어 한다. 시작을 하다가 갑자기 마무리로 넘어가면 강의 상류에서 하류로 건너뛰는 것과 같이 놓치는 것들이 발생하고 다시 설명하기 위해 거슬러 올라와야 하는데 앞뒤로 오가다가는 발표가 꼬여 버리게 된다. 하지만 발표자는 이러한 상황도 염두 해야 한다. 열심히 본론을 설명하고 있는데 도입에 해당하는 질문을 받았다면 내용 전달이 충분히 안된 것이다.

물이 상류에서 중류를 지나 하류까지 흐르듯이 발표자가 설명을 잘했다면 청중은 충분히 따라올 것이다. 레프팅을 할 때 중요한 것이 배의 속도인 것처럼 발표를 할 때도 속도가 중요하다. 많은 말로 설명하지 않기 위해서는 가장 적당한 단어를 선정해야 한다. 이것이 배의 속도를 느리지 않게 유지하는 핵심이다. 꼭 필요한 설명인지 점검하고 전반적으로 매끄럽게 연결이 되는지 확인해야 한다. 모두가 아는 내용은 최대한 빨리 지나고 어려운 내용이나 집중해야 할 설명에는 흐름을 길게 하여 좀 더 자세히 설명해야 한다.

발표 전략을 세웠다면 발표 자료가 발표에 맞게 준비되어야 한다. 한 페이지에 너무 방대한 내용이 적혀 있다면 청중은 시각 효과에 압도되어 내용을 읽느라 발표를 듣는 것에 소홀할 수도 있다. 핵심단어만을 기록하고 자세한 설명은 말로 하는 것이 눈과 귀에 균형을 맞추는 방법이다. 글씨 크기는 발표 장소를 고려해야 한다. 커다란 회의실 공간에서 화면에 보이는 글자 크기가 너무 작으면 불편을 초래하게 된다.

숫자가 나오는 경우에는 가능한 계산을 하지 않게끔 계산 결과까지 적어두는 것이 청중들의 집중에 효과적이다. 값에 차이를 적어놓지 않으면 발표시간에 참석자들은 계산하느라 프레젠테이션에 집중하지 못하게 된다. 때문에 숫자로 설명할 때는 숫자를 그대로 적는 것보다는 그래프로 표현하는 것이 유리하다.

3개 이상의 내용을 비교할 때는 서술보다는 표를 만들어 내용을 기입하면 복잡한 내용이 간결하게 정리된다. 추가적 설명이 필요하면 주석을 달아 두는 것이 효과적이다. 색으로 표현하는 것도 초점을 맞추는데 효과적이다. 때로는 많은 표현보다 상황에 맞는 그림이나 사진 한 장이 큰 감동을 줄 때가 많다는 것도 명심해야 한다.

발표자료에서 외부 자료를 인용하는 경우 담긴 내용을 충분히 이해해야 한다. 인용 자료의 내용을 질문받았는데 대답을 못 하면 신뢰는 줄어들게 된다. 발표 내용에 모호함이 있다면 확실히 이해하고 보고하는 편이 좋다. 발표자료와 설명에 신뢰를 주지 못하면 결정하는데 불편함을 주게 된다. 발표자료와 설명이 균형을 이루면 듣는 사람들도 편안하게 듣고 내용을 충분히 이해할 수 있다.

발표자료에 있어서 중요한 것은 정직과 비전이다. 지금의 결정이 결과로 다가오기 때문이다. 조직에서는 리더의 결정이 중요하다. 그래서 생각과 결정을 리더에게 위임하는 사람이 있는 반면에 더욱 깊이 있게 생각하는 사람도 있다. 한발 앞선 질문과 생각을 제안하는 사람은 조직에서 존귀함을 받는다.

마무리 시간에는 결정에 앞서서 오늘 발표의 내용을 간략하게 요약해 설명한다. 핵심은 길지 않게 한 문장으로 정리하는 것이다. 이때 놓치지 말아야 할 것은 비전을 담는 것이다. 미래에 나타날 결과를 예측하는 것이 필요하며 결정에 따른 장단점을 설명하면 좋다.

영어프레젠테이션은 외국인을 상대로 하기에 발표자의 영어 능력에 따라서 접근 방법이 달라질 수 있다. 우리나라에서 사는 외국인들과 대화할 때 그들이 한글을 더듬거리며 말해도 우리는 그들이 하는 말을 알아듣는다. 하지만 우리의 자세한 대답에 그들은 이해하지 못하는 경우가 많다. 때문에 듣기에 자신이 없다면 발표 자료를 더욱 꼼꼼히 작성해야 한다.

우리의 영어표현들을 모국어 사용자(Native speaker)라면 듣고 파악하는데 어려움이 없을 것이다. 하지만 영어로 질문을 받았을 때 질문에 맞는 답변을 해야 한다. 질문을 듣고 충분히 이해하지 못하면 다른 대답이 나오게 된다. 충분히 알고 있는 내용이었는데 질문의 요지를 파악하지 못해 답변이 원활하지 못하면 스스로 실망하게 된다.

　가끔은 발표자의 설명을 본인이 잘 이해했는지 확인하기 위해서 질문하는 경우가 있다. 이 경우 간단하게 "네(Yes)"를 듣고자 했던 질문이었는데 발표자는 장황하게 했던 말을 반복할 수 있다. 이런 질문에 대비하여 발표자료에 적절한 내용이 담겨 있다면 내용을 읽고 이해해 불필요한 질문을 하지 않는다. 문법에 꼭 맞게 정확한 문장을 사용하여 자료를 만들 필요는 없다.

　발표할 때는 당당한 자세가 중요하다. 특별히 외국인 앞에서도 마찬가지다. 자신 있는 목소리로 말하되 미소를 머금을 여유가 필요하다. 시선은 최상의자에게 맞추되 참석한 모든 청중을 아울러야 한다. 전화 회의를 통해서 보고하는 경우에는 시선은 상관없지만 질문과 답변에 더욱 신경 써야 한다. 발표하는 모습을 보지 못하고 오직 목소리에 의존하기 때문이다. 질문을 받았을 때 정확히 이해가 되지 않으면 명확한 답변을 위해 다시 질문을 요청하는 것이 좋다.

　질문자는 본인이 예상한 것과 전혀 다른 답변을 받으면 추가 질문을 하게 된다. 대게 이 상황이 되면 질문의 속도까지 빨라지는 경향이 있다. 가끔은 질문에서 벗어난 엉뚱한 답변을 하다가 불필요한 논쟁으로 이어져 상대의 감정까지 상하게 만드는 경우가 있다. 정작 발표하고자 하는 핵심내용에서 벗어나

엉뚱한 내용을 토론하기도 한다. 핵심에서 벗어난 논의가 계속될 때 본론으로 되돌리려는 마음만 앞서면 현재의 흐름을 놓쳐 중재까지 어려워진다.

논쟁으로 번지기 전에 이야기를 발표자 중심으로 되돌리기 위해서는 "I don't know"를 활용할 필요가 있다. 좀 더 복잡해진 상황이라면 "I'm sorry but I'll check it after the meeting and I'll inform you as soon as possible. Now I want to focus on this topic" 이렇게 양해를 구하고 할 말을 이어가는 것이 좋다. 지금 당장 이 자리에서 해결해야 한다는 생각에 사로잡히면 발표는 계속 꼬일 수밖에 없다. 발표자료에는 do, have, get 이런 동사보다는 complete, require, check 등 이런 일반 동사를 사용하면 전달이 명확해진다. 확인이 필요한 대답은 "확인하겠다"고 대답한 후 메모해 두었다가 회의록에 기록하고 빠른 시일 내에 충실히 답변하면 신뢰감이 형성될 것이다. 한번 형성된 신뢰감은 다음 발표에도 적용돼 계속 향상된 관계를 유지할 수 있다.

마지막으로 발표에 부담을 갖지 말아야 한다. 발표의 기회를 다른 사람에게 넘기지 말고 헤쳐가다 보면 발표 요령도 생기고 비법도 터득하게 된다. 발표를 마치면 머릿속에 항상 후회가 남는다. 이것을 줄이면 실력이 쌓인다.

10
'유익한 강의'의 조건

세상에는 강의가 참 많다. 다양한 사람들이 강의를 듣기에 평가하는 기준이 다르겠지만 강의를 준비하거나 들으면서 다음의 세 가지를 생각하면 유익할 것 같다.

첫째, 강의는 재미있어야 한다.

재미있는 내용을 재미있게 전달해야 강의를 하는 사람도, 듣는 사람도 모두 만족한다. 분명 재미있는 이야기인데 청중의 반응이 없다면 전달 방법을 고민해야 한다. 딱딱하고 어려운 주제라도 재미있게 풀어내는 것이 실력이다. 반면에 재미없는 강의도 논리 정연하게 빠른 흐름을 유지한다면 집중하게 하는 데 도움이 될 것이다.

또한 강의를 잘하기 위해서는 많은 준비가 필요하다.

똑같은 내용이라도 쉽고 재미있게 전달하는 표현방법을 고민해야 한다. 강의하는 사람은 보통 원고를 작성해 연습한다.

시작은 두서없이 방대한 내용이었지만 튜닝 작업을 거치면서 원활한 흐름의 질서가 잡혀간다. 메시지는 같은데 쉽고 세련되게 전하는 것이 고수의 비법이다. 이러한 연습이 없으면 강의가 원활하지 못하고 지루한 방향으로 흘러갈 수 있다. 때문에 청중이 이해하기 쉽게 말하는 기술을 향상시키면 강의가 더 재미있어질 것이다.

둘째, 강의는 유익해야 한다.

강의 중 청중들이 메모를 한다면 오늘 강의는 유익하다고 생각해도 된다. 메모하는 이유는 기억하고 활용한다는 목적을 갖고 있다. 요즘은 휴대폰의 메모장이나 녹음 기능을 활용해 메모를 하기도 한다.

강의가 재미도 없고 유익하지 않다면 청중은 귀를 닫아버린다. 졸거나 다른 생각을 하기도 하고 하품을 하기도 한다. 하지만 좋은 강의를 만나면 무더운 여름날 땀 흘리고 수고한 뒤에 먹는 수박보다 더 달고 시원하다.

강의를 통해 마음이 새롭게 정돈되고 알지 못했던 가치에 눈을 뜨게 되는 계기가 되기도 한다. 때문에 강의가 진수성찬보다 건강에 좋을 것 같다는 생각을 하기도 한다(잠 17:22).

강의에 몰입해 사유하는 시간은 정신적인 욕구를 충족시킨다. 즉 마음에 즐거움이 찾아온다는 뜻이다. 좋은 강의를 들을 때면 말의 힘을 새삼 느낀다. 강의가 좋았냐, 안 좋았냐는 듣기 전과 들은 후에 마음의 변화를 보면 알 수 있다. 변화가 클수록 도전받은 내용이 많다는 것이다. 도전받은 내용을 잊지 않게 짧은 메모를 해두면 앞으로 적용하는데 도움이 된다.

셋째, 강의는 은혜로워야 한다.

재미가 양념이라면 유익한 내용은 주재료다.

주재료에 양념을 입혀서 은혜롭게 전해야 한다. 특정인이나 특별한 상황에 맞는 강의를 한다면 일반인들은 강의가 은혜롭지 않다고 판단하고 거부감을 느끼게 된다. 때문에 특정인이나 특정 장소를 언급할 때는 특별히 조심해야 한다.

또한 강의를 통해 자신의 감정을 드러내거나 정치적 성향을 표출하는 것은 청중을 불편하게 만들 수 있다. 또한 강의자의 성향에 동의하지 않는 청중에게는 이후의 강의는 모두 잡음(Noise)이 된다. 내가 하고 싶은 말보다 청중이 듣기 원하는 혹은 유익한 내용을 강의할 때 청중은 강의에 집중하게 된다.

준비한 강의를 순서에 맞춰 이야기하는 것도 중요하지만 가끔은 청중의 반응을 보며 순서를 튜닝 하는 것도 필요하다. 이때 명심해야 할 것은 '강의는 시작보다 마무리가 좋아야 한다'는 것이다. 물론 시작부터 귀를 닫게 해서는 안 되겠지만 흐름에 따라 마무리까지 은혜로운 결과를 도출하는 것이 중요하다. 강의자의 당당한 주장은 청중의 마음속에 울림을 주어 도전의 시간을 갖게 하기도 한다. 즉 강의를 듣고 난 후 다양한 반응들이 있겠지만 강의를 통해 도전을 받았거나 모르고 있던 내용을 배우고 감동으로 훈훈한 마음을 받았다면 은혜로운 결과라고 할 수 있다.

강의를 준비하며 재미, 유익, 은혜를 생각하며 연구한다면 점차로 실력이 향상될 거라 믿는다.

11

말에 관한 통찰

　동서고금을 막론하고 여자가 남자보다 말이 많은 것은 사실이다. 여자들은 카페에서 몇 시간을 이야기하고도 부족한지 자리에서 일어나며 "우리 못다 한 이야기는 전화로 하자"며 아쉬움 속에 헤어지곤 한다. 반면, 한국 남자들은 술이 들어가야 입을 연다. 남자들에게 술자리는 마음속 이야기를 나누는 의미 있는 시간인 것이다. 때문에 남자들끼리 이야기를 하려면 차 한잔 마셔서는 상대방의 속마음을 전혀 파악할 수 없다. 식사나 차를 마실 때와는 달리 술 한잔 기울이면 이야기가 조금 진전되곤 한다.

　친구들과 어울릴 때와는 달리 대중 앞에서 말하는 것을 무척 어려워하는 친구가 있다. 그 친구는 사람이 많은 곳에서는 얼어버리고 특히 어려운 사람 앞에서는 입이 굳어버리곤 한다. 중요한 면접 때도 면접관 앞에서 달달 외웠던 말들만 내보

낼 뿐 뜻밖의 질문을 받으면 당황해 횡설수설한다. 편한 자리에서는 서슴없이 하던 질문도 사람이 많으면 선뜻 질문하지 못한다. 궁금한 내용이 있어도 "괜히 질문했다가 분위기를 썰렁하게 만들지 않을까?"라는 염려가 앞서기 때문이다. 또한 "나의 질문을 사람들이 어떻게 생각할까?"라는 고민에 사로잡혀 알고자 하는 마음을 포기한다.

자신을 표현하지 않으면 사람은 위축된다. 입을 열어야 원하는 것을 얻을 수 있다. 부모는 자녀의 표정만 보아도 마음을 알 수 있지만 남은 내가 말하지 않으면 모른다. 원하는 것을 말하는 것이 시작이다. 두드려야 반응이 오는 법이다. 살다 보면 입을 닫는 것이 필요할 때도 있지만 말을 해야 할 때는 표현해야한다. 필요 이상의 과묵함으로 일관한다면 미래가 달라질 수도 있다.

낯선 자리에서도 할 말을 하도록 자신감을 키우는 훈련을 가정에서 만들어 보자. 예를 들어 함께 영화를 관람했다면 거실에 둘러앉아 한 명씩 일어나 영화에 대한 소감을 이야기하면 어떨까? 만약 아이가 이해되지 않는 부분이 있었다면 왜 그런지 의문점을 질문하도록 가르치는 것이 좋다.

말을 하다 보면 새로운 사실도 알게 된다. 예를 들면 평소 확실히 안다고 자부하는 내용도 설명을 제대로 하지 못하고 막힐 때가 있다. 이것은 알고는 있지만 확실히 인지하지 못한 것일 수도 있다. 반면에 어렴풋이 아는 내용을 말로 전달하면서 터득하기도 한다. 그렇기에 입을 여는 시도가 중요하다. 말함으로 내가 알고 있는 지식, 생각의 깊이를 점검할 수 있다.

안다는 것은 말로 충분하게 설명할 수 있어야 한다. 경험을 통해서 아는 내용은 비교적 쉽게 설명이 가능한데 지식을 터득해 아는 내용은 말로 설명하다가 막힐 때가 있다. 온전하게 말로 설명할 수 없다면 충분히 자신의 것으로 소화하지 못한 것이다.

말을 잘하기 위해서는 노력이 필요하다. 어떻게 말을 시작해서 풀어갈지…. 대부분 첫마디가 고민스러운 법이다. 오케스트라에서도 첫 음을 내는 것에 가장 신경을 쓴다고 한다.

말을 잘하기 위해서는 평소 대화할 때 풍부한 어휘를 사용하는 습관이 좋다. 어떤 상황을 설명할 때 정확한 단어 하나로 충분히 설명이 된다면 얼마나 좋을까. 그런데 적절한 단어가 떠오르지 않아서 무수한 말로 장황하게 설명을 하는 경우가 많다. 적절한 단어를 사용해 정확하고 간결하게 설명하는 것이 실력이다.

재미난 이야기보따리를 풀어내는 언어의 연금술사 같은 사람과는 누구나 가까이하고 싶을 만큼 유익한 점이 많다. 그는 마치 냉장고에서 식 재료를 꺼내서 맛있는 한끼 식사를 차려내듯이 그가 가지고 있는 풍성한 스토리를 다듬어서 의미 있는 이야기를 만들어 낸다. 식 재료를 냉장고에 보관하듯이 짧은 스토리를 만들어 머릿속에 보관하는 것 같다. 짧은 스토리의 배경은 책, 영화, TV, 일상생활 등에서 가져온다. 스토리는 어디서나 찾을 수 있지만 내 생각을 넣어서 이야기를 만들고 교훈으로 구워내는 것은 능력이다.

말을 잘하기 위해서는 준비과정이 필요하다. 할 말이 정리되지 않으면 구구절절 말하다가 핵심이 무너져 의사를 제대로 전달하지 못했던 경험이 있을 것이다. 말하는 사람은 장황하게 설명을 했는데 듣는 입장에서 알맹이가 없다면 얼굴을 붉힐 수도 있다. 할 말을 요약해 제한된 시간 내에 말하는 능력이 필요하다.

그러기 위해서는 말을 하기 전에 준비과정이 필요하다. 먼저 뼈대를 만들어야 한다. 미술 시간에 찰흙을 이용해 작품을 만들 때 뼈대를 만들고 그 위에 찰흙으로 살을 붙인다. 뼈대를 만들 때는 처음, 중간, 마무리를 생각해 만들어야 한다. 기승전결을 생각하면 된다. 서론은 처음 시작, 설명과 증명은 중간, 결론으로 마무리한다.

시작, 중간, 마무리를 염두해 이야기의 핵심이 되는 단어들을 떠올리면 훌륭한 뼈대가 된다. 여기에 살을 붙여서 이야기를 만든다.

말을 할 때는 가만히 경직된 자세로 표정 없이 하는 것보다 적절한 손의 움직임과 얼굴 표정 변화가 깊은 공감을 얻는 데 효과적이다. 바디랭귀지를 하면서 말하는 것을 습관화하면 자연스럽게 표현될 것이다.

식당에서 메뉴를 골라 주문하면 "손님께서 선택하신 것이 이것 맞습니까?"라고 주문 확인(back tracking)을 한다. 이때 주문한 음식을 확인하며 서로 간에 신뢰가 형성된다. 이것을 대화 습관에 포함시켜 활용하면 신뢰를 얻는데 도움이 될 것이다.

질문을 받고 질문의 요지가 정확하게 파악되지 않았을 때는 질문을 다시 한번 확인하고 대답하는 것이 안전하다. 때로는 질문이 장황해 설명인지 질문인지 모호할 때가 있다. 이 경우에는 질문의 의도를 확인한 후 답변을 하면 신뢰를 얻을 수 있다.

말을 하고 있는데 누군가 끼어들어 말을 가로채기도 한다. 이럴 때 최대한 빨리 말의 주도권을 되찾기 위해서 다시 말할 틈만 찾고 있으면 상대방의 의도를 정확하게 파악하지 못할 수 있다. 특히 영어로 의사소통할 때는 더욱 그렇다. 이럴 때는 경청을 연습해야 한다. 어떠한 상황에서도 상대방이 말을 할 때는 충분히 듣고 이해한 다음에 피드백을 주는 것이 좋은 결과를 얻어낼 수 있는 방법이다. 그런데 대답할 말을 준비하느라 집중하지 못하면 핵심적인 초점에서 벗어나는 이야기를 하게 된다. 말한 만큼 들어야 한다. 들은 만큼 생각도 해야 한다. 이 과정이 없으면 성급한 답변만 오갈 뿐 원하는 것을 얻을 수 없다.

인간의 뇌는 듣는 것보다 말한 것을 오래 기억한다. 내 경우에는 아내로부터 "약속을 지키지 않는다"라는 말을 들을 때가 있다. 도무지 기억이 나지 않아 반문해보지만 이미 돌이킬 수 없는 상황이다. 듣는 입장에서는 가볍게 넘길 수 있는 일을 말하는 사람은 오래 기억한다.

인간관계에서는 자신이 한 말을 지키지 못하면 신뢰가 떨어진다. 삶은 메아리 같아서 내가 했던 말과 행동이 나에게 되돌아올 때가 많다. "뿌린 대로 거둔다"는 속담처럼 부정적인 이야기를 계속 듣고 자란 자녀가 긍정적인 어른으로 성장하기는 어렵다. 슬픈 노래를 부르다 보면 슬픈 감정에 휩싸여 슬픈 하루를 보내게 되고 슬픈 날이 많아지면 슬픈 인생이 된다. 때문에 잘못 앞에서는 특히 더 진실해야 한다. 과거의 잘못을 숨길수록 또 다른 잘못을 하게 된다.

그리고 선행보다 악행이 훨씬 빠르게 소문난다. 그래서 속담에 "세 번 생각하고 말과 행동에 이르라"는 충고가 있다. 자신의 언어가 다른 사람을 아프게 만드는지, 행복을 주는지 점검해야 한다. 천사의 말을 하면 천사가 찾아오고 악마의 말을 하면 그 값을 받는 것이 순리이다. 좋은 말을 듣고 싶다면 먼저 좋은 말을 해야 한다. 가정에서도 자녀들에게 부정적인 말을 하면 반항을 만들 수 있다. 자녀들은 "하지 말라"는 제한보다 "이렇게 해줄래?"라고 요구할 때 긍정적으로 반응한다. 또한 "떠들지마" 보다는 "조용히 해주라", "뛰지 마" 보다는 "걸어 가줘", "끼어들지 마" 보다는 "줄을 서 줄래" 등 긍정의 요구가 자녀의 마음을 건강하게 만들며 긍정적인 행동의 변화도 나타난다. 부모는 자녀가 책임을 감당하는 건전한 가치관을 갖도록 지도해야 한다.

봄에 밭을 기경할 때 허약한 소보다는 건강한 소에게 쟁기를 메울 것이다. 이처럼 합당한 사람이 무거운 짐을 감당한다. 개인적으로 정치는 무거운 짐이라 생각한다. 야간에 가로등 없는 산길을 운전할 때 맨 앞의 차량 운전자가 가장 고생을 한다. 전방 시야가 좋지 않은 캄캄하고 낯선 길을 운전할 때면 누구나 긴장하게 된다. 하지만 뒤차들은 앞차의 불빛과 움직임을 보며 따라가기에 운전이 비교적 수월하다. 어둠을 헤쳐가는 선두에 서는 것이 어렵다고 뒤로 물러서면 길잡이를 포기하는 것이다. 이처럼 정치는 책임감을 갖고 선두에서 백성을 이끄는 일이다. 정치는 백성들의 삶이 수월하도록 앞에서 무거운 짐을 지는 것이라고 생각한다.

정치는 말로 백성을 다스리는 일이다. 말은 리더십을 형성한다. 말에는 가치와 비전이 담겨있다. 무엇보다도 비난과 부정적인 말이 가득하다면 백성들도 닮아가게 된다. 비난은 반드시 다른 비난으로 돌아오기 때문이다. 그래서 나라가 분열되고 백성들은 힘겹게 된다. 때문에 사람은 특히 정치가는 생각이 긍정적이어야 한다. 부정적인 말을 하는 습관을 가지면 부정적인 미래를 만들 수밖에 없다. 부정적인 생각이 삶에 그대로 나타나기 때문이다.

"너희가 비판하는 그 비판으로 너희가 비판을 받을 것이요 너희가 헤아리는 그 헤아림으로 너희가 헤아림을 받을 것이니라. 어찌하여 형제의 눈 속에 있는 티는 보고 네 눈 속에 있는 들보는 깨닫지 못하느냐"(마 7:2-3)

상대방이 10을 잘못하면 2정도만 비판해도 충분하다. 그러면 상대는 자숙하며 미안한 마음을 가질 것이다. 그런데 두 세 배로 공격하니 끊임없는 헐뜯기가 된다. 선거유세에서 본인의 공약으로 자신의 이야기를 하는 것이 아니라 순전히 상대 후보를 비방하면서 남을 헐뜯는 모습이 사라지길 소망한다. 악담은 축구처럼 공격과 수비를 한다. 내가 악담으로 공격하면 상대는 맞서 방어를 한다.

"죽고 사는 것이 혀의 힘에 달렸나니 혀를 쓰기 좋아하는 자는 혀의 열매를 먹으리라"(잠 18:21)에 근거하면 악담에 최고의 방어는 침묵이다. 사람을 무너뜨리는 말이라면 오히려 침묵이 좋은 것이다. 말이 많을수록 실수가 많아진다. 꼭 필요한 말이 자신과 타인을 행복하게 할 것이다.

말에는 그 사람의 생각과 비전이 담겨있다. 이 말들이 삶 속에서 나타나 결실을 맺을 때 존경심을 얻는다고 생각한다. 무엇보다도 언행이 일치될 때 말의 힘은 커진다. 리더의 입장에서 판단은 중요하다. 그 판단이 길을 만들기 때문이다. 행복한 길이 될 수도 있고 고통의 길이 될 수도 있기 때문이다. 이에 대한 책임은 무겁다. 리더십은 유창한 말에 있지 않고 실천에 있다. 실천을 통해서 책임을 다하고 했던 말이 완성을 이룬다. 지금 하고 있는 말을 돌아보아야 한다.

12

삶과 노래

노래는 마음의 정서를 깊이 있게 표현할 수 있는 방법 중 하나다. 노래를 부르는 사람과 그 노래를 듣는 사람이 함께 몰입하면 비슷한 감정을 공유하게 된다. 노래를 잘 부른다는 것은 노래하는 사람의 감정과 에너지가 상대에게 잘 전달되었다는 뜻이다.

어머니께서는 KBS 가요무대를 무척 좋아하셨다. 노래를 들으시면서 자주 눈물을 훔치셨던 모습이 떠오른다. 가끔 하늘나라에 가신 부모님이 보고 싶을 때면 생전에 부모님께서 부르셨던 노랫가락이 떠오른다. 잠시 부르다 보면 부모님과 함께 있는 듯한 기분이 든다. 가사의 영향보다는 멜로디에 따라 감정이 먼저 움직여 정서적으로 파고드는 느낌이다. 호소력이 강한 멜로디는 가사가 떠오르지 않아도 흥얼거리며 반복하게 된다.

가곡이나 클래식을 듣고 있으면 마음이 정돈되고 고요한 상상의 공간으로 빠져들곤 한다. 발라드를 들으면 달콤한 사랑의 추억이 떠오른다. 스포츠와 함께 나오는 응원가는 심장을 두근거리며 신명 나게 한다. 찬송가는 마음이 경건해진다. 이처럼 음악은 삶의 희로애락과 함께한다.

살면서 상황에 맞는 음악은 위로와 기쁨을 더해준다. 특별히 음악에는 위로의 힘이 있다. 외롭거나 울적할 때 노랫말을 흥얼거리다가 왈칵 눈물을 쏟은 경험도 있다. 그렇게 한바탕 울고 나면 위로가 돼 또 다른 무언가를 할 수 있을 것 같다.

개인적으로는 노래를 잘 부르는 사람이 부럽다. 노래를 잘하면 많은 사람들을 감정적으로 기쁘게 해준다. 노래를 사랑하는 사람은 그렇지 않은 사람보다 더 많은 기쁨을 누릴 것이라 생각한다. 나는 노래 부르는 것을 꽤 즐겼다. 그런데 학창시절 변성기 시점에 성대 관리를 잘못해서 고음을 균일하게 내지 못하게 되었다. 당시 이선희 씨의 노래를 너무 좋아했고 많이 따라 불렀는데…. 노래 부르며 너무 행복했다. 그런데 고음의 곡들이라 목에 무리가 되었고 더 이상 안정된 고음을 내지 못해 일상에서 노래를 부르는 시간이 줄었다. 한동안 노래에 흥미를 잃었던 것 같다. 그런데 언젠가부터 다시 노래를 따라 부르기 시작했다. 찬송가를 따라 부르는 것이 믿음의 표현인 것을 깨달았다.

"호흡이 있는 자마다 여호와를 찬양할지어다 할렐루야"(시 150:6)

계속해서 따라 부르다 보니 듣기 좋은 목소리로 튜닝 되는 듯하다. 그래도 여전히 고음은 해결되지 않았다. 하지만 노래 부르기가 좋아졌다. 고음을 마음대로 낼 수 있는 방법을 바이올린에서 찾았다. 악기를 통해서 고음을 낼 수 있으니 마음속의 답답함이 풀어지는 것 같다. 악기를 익히면서 박자와 음감도 길러졌다. 즐거워서 악기를 연주하는 것이 아니라 악기를 연주하다 보니 마음이 정서적으로 위로를 받아 행복해진다.

이른 새벽 일어나 출근하려면 일찍 잠자리에 들어야 한다는 부담감이 늘 있다. 자려고 누웠지만 이런저런 생각에 휩싸여 잠이 오지 않는 밤이면 노래를 부른다. 막 떠오른 노래를 부르고 나면 정서적으로 안정되어 편안해진다. 둘째는 내 노래를 들으면서 잠이 든다. 둘째에게 아빠의 노래는 자장가인 셈이다. 나 역시 어릴 적 부모님의 노랫소리가 정서적으로 안정감을 채워줘 평안한 숙면으로 인도했던 기억이 있다.

그런데 적당히 부르고 멈추어야 하는데 노래가 길어지면서 잠을 방해하는 경우가 있다. 그리고 노래에 훅 빨려 들어가 감정이 깊어져 애수에 젖곤 한다. 지난날 장면들이 파노라마처럼 펼쳐지고 노래가 끄집어낸 슬픈 추억들로 처량해질 때도 있다. 마음 아파도 내 인생이었다. 과거는 어떻게 할 수 없지만 오늘을 즐겁고 당당하게 살아야겠다는 다짐을 한다.
나이 들수록 새로운 노래를 익히기보다는 예전에 애창했던 노래들을 부르게 된다. 음악적 취향을 확대하려 노력해도 쉽게 바뀌지 않는다. 정서와 감정이 자리 잡을 때 익혔던 노래들이 삶에 깊은 영향이 된 모양이다. 음악회에서도 모르는 노래가 나오면 호응이 뚝 떨어진다. 그러다가 따라 부를 수 있는 곡이 나오면 깊게 빠져든다.

새로운 노래를 배우고 부르는 시간은 머라 말할 수 없을 정도로 행복하다. 혼자 부를 수 있는 곡은 내 감정의 박자에 맞추어 자유롭게 노래한다. 하지만 음악이란 그렇지 않다. 음정과 박자의 호흡이 중요하다. 음정과 박자를 제대로 맞출 수 없다면 함께 노래 부르는 것이 부담스러울 것이다. 호흡을 함께 맞추는 것은 서로를 위한 것이다.

노래는 삶을 위로하며 에너지를 준다. 분주하고 혼란스럽던 마음이 음악을 통해서 차분해지면 중요한 일에 집중할 수 있게 된다. 나의 삶에서 음악은 좋은 친구다. 음악을 가까이하면서 많은 혜택을 누린다. 그래서 삶의 내용을 담은 노랫말에 공감한다. 삶의 여정이 음악으로 묻어난다.

노랫말과 곡조가 희망적이거나 긍정적인 메시지를 담은 노래를 계속 듣고 부르다 보면 삶도 그렇게 따라간다. 이런 면에서 찬송가는 삶에 무척이나 유익하다. 반면에 부정적인 가사 내용을 담은 노래를 부르다 보면 삶도 부정적인 결과를 낳을 수 있다. 그러니 자신이 좋아하는 노래의 노랫말을 한 번쯤 생각해보아야 한다.

나는 '개똥벌레'라는 노래를 무척 좋아했었다. 멜로디가 너무 좋아서 자주 따라 불렀는데 가사가 내 이야기 같아 '어쩔 수 없는 개똥 무덤이 돌아갈 곳'이라는 생각에 사로잡히면 무기력해진다. 언젠가부터는 노래를 부르며 울다 잠이 들 것 같은 초라함이 느껴져 의도적으로 부르지 않게 되었다. 자신을 제한하여 노래 따라 삶이 흘러가서는 안 된다.

가끔은 늦은 밤 부모님이 그리울 때 "따오기"를 부르면 부모님 모습이 떠오른다.

"보일 듯이 보일 듯이 보이지 않는 따옥 따옥 따옥 소리 처량한 소리 떠나가면 가는 곳이 …"

13
긍정적인 태도의 중요성

고대 그리스 철학자 소크라테스(Socrates)는 그의 사상이 아테네 법에 위배되어 사형을 당할 때도 법의 안정성을 존중했다. "악법도 법이다"라는 말을 남기며 법에 따랐다. 사람들은 그의 태도와 생각을 높이 평가해주었다. 그는 분명 자신과 견해가 달랐던 아테네를 존중하여 목숨까지도 양보했다. 소크라테스의 "너 자신을 알라"는 유명한 말은 타인의 허물이 보일 때마다 나를 돌아보게 한다.

우리가 사는 세상에서는 작은 차이가 전혀 다른 결과를 만들기도 한다. 작은 차이를 만들어 낸 것은 태도다. 성공과 실패의 차이가 크지 않더라도 보상의 차이는 확연하게 다를 수 있다. 스포츠에서는 100분의 1초 차이가 메달 색깔을 바꾸기도 한다. 근소한 차이의 우승일지라도 준우승과 보상의 차이는 완전히 다르다. 우승자에게는 많은 환호와 축하, 빵빠레가 이어 지지만 준우승자는 금세 잊혀진다. 스포츠 외에도 이와 같은 상황이 벌어지는 경우는 많다.

태도는 선입견과 깊은 관련이 있다. 선입견은 상대를 내 마음대로 판단하는 것이다. 상대의 외모, 행동, 눈길, 말투, 태도 등을 보고 자유롭게 평가한다. 한번 정해진 선입견은 쉽게 바뀌지 않는다. 우리는 매일 많은 사람들과 마주한다. 상대가 나에 대해 불필요한 선입견을 갖지 않도록 밝은 표정으로 마주하며 편안한 인상을 심어주어야 한다. 화남, 무기력함, 멍한 표정을 하고 있다면 결코 좋은 이미지를 줄 수 없으며 불필요한 오해까지 받을 수 있다. 평상시 밝은 표정이 자연스럽게 나오지 않는다면 꾸준히 연습해야 한다. 웃는 습관을 들이면 어색한 표정이 사라지고 자연스러운 미소가 퍼져 나오게 된다. 밝은 표정은 좋은 선입견을 심어줄 것이다.

내가 싫어하는 한 사람을 떠올려보고 어떤 점이 싫은지 생각해보자. 그리고 왜 그렇게 행동하는지 깊게 들여다보면 생각의 끝에 그에게 어떠한 이유가 있음을 발견하게 되고 이를 감안해 대하면 그 사람과의 관계는 향상될 수 있다. 상대방이 아무리 싫은 감정으로 접근해도 이성을 잃지 않는 태도가 중요하다. 이것이 실력이다. 가슴에는 증오가 아닌 사랑으로 대하는 것이 쉽지 않지만 용기를 내면 갈등상황을 평화로 바꾸게 된다.

나이가 들수록 유머와 웃음이 줄어드는 경향이 있다. 같은 것을 보고도 자녀들은 깔깔 웃는데 웃음이 메말라 버린 나를 발견한다. 우리는 내 안의 유머 감각을 잃지 않으려 노력해야 한다. 유머는 긴장된 분위기를 전환 시킬 수 있고 삶에 에너지를 준다. 적절한 유머를 활용하는 태도가 삶을 부드럽게 한다.

인간의 됨됨이는 권력을 갖게 되었을 때 그 권력을 다루는 태도에 따라 표시가 난다. 권력을 휘두르며 갈등을 만들지 조화를 이루며 문제를 해결할지를 보며 그 사람의 됨됨이를 파악할 수 있다.

조화를 추구하는 사람은 사소한 언쟁으로 시간을 허비하지 않는다. 사사로운 일들은 양보해 덕을 얻고 더욱 중요한 일에 집중한다. 만약 오늘 어떤 잘못을 했다면 오늘 안에 바로잡는 것이 중요하다. 누적되면 좋은 영향이 될 수 없기 때문이다. 잘못이나 실수를 바로잡는데 적극적인 태도가 필요하다. 본인 생각이 틀렸더라도 확신을 갖고 주장하면 당장은 통할 수 있다. 하지만 시간이 지나서 정답이 아닐 경우 신뢰도는 추락하게 된다. 아무리 확신하더라도 재점검하는 태도가 중요하다.

자기 자신에 대한 태도를 생각해보자. 상대보다 실력이 부족하면 패배할 수 있다. 상대에게 당연히 질 수도 있다는 말이다. 그렇다고 포기하면 영원히 자신에게 지는 것이다. 오뚝이 자세가 필요하다. 패배하더라도 용기를 내어 계속 도전하면 앞으로 좋은 결과가 있을 것이다.

자신의 감정을 억제한다는 것은 결코 쉬운 일이 아니다. 하지만 감정을 다스리지 못하면 가족을 비롯해 만나는 사람들에게 쓸데없는 악감정을 만들게 된다. 사람을 대할 때는 긍휼한 마음을 갖고 그 사람을 마음에 품어야 한다.

위로가 필요한 사람에게는 어설픈 충고보다는 묵묵히 곁에 있어 주는 것이 힘이 된다. 충고와 부탁을 할 때는 특히 태도의 중요성이 느껴진다. "말 한마디로 천 냥 빚을 갚는다"는 속담을 생각한다면 부탁을 할 때 무표정으로 하지 않았을 것이다. 떨리는 목소리와 함께 최대한 정중한 자세를 갖추었을 것이다.

좋은 태도는 좋은 결과를 내고 관계를 개선한다. 또한 누군가 나에게 정중하게 부탁했다면 가능한 도와야 한다. 부탁 속에는 그의 간절함이 담겨있기 때문이다.

달란트 비유에서 한 달란트 받았던 자는 받은 그대로 보존했다. 그에게는 두려움이 있었기 때문이다. 그래서 소극적으로 대응했고 핑계가 유일한 대안이었다.

"한 달란트 받았던 자는 와서 이르되 주인이여 당신은 굳은 사람이라 심지 않은 데서 거두고 헤치지 않은 데서 모으는 줄을 내가 알았으므로 두려워하여 나가서 당신의 달란트를 땅에 감추어 두었었나이다 보소서 당신의 것을 가지셨나이다"(마25:24,25)

하지만 형편과 처지에서 따라 최선을 다해야 한다. 상대에 비해 내가 가진 것이 너무 빈약하더라도 가만히 있는 것보다는 부딪혀보는 용기가 필요하다. 핑계는 약자의 수단일 뿐이다. 도망치며 산다면 어려움을 극복할 기회와 배울 수 있는 계기까지 놓치게 된다. 실력을 갖추지 못해서 일을 감당할 수 없다는 변명은 수영을 배우기 전에는 물에 들어갈 수 없다는 핑계와 같다. 물에 들어가지 않으면 수영을 배울 수 없다. 일을 맡아서 해보아야 배울 수 있는 것이다.

14

범사에 감사하는 삶

현재의 삶이 고달프고 분주해서 감사할 일이 떠오르지 않는다. 매일 더해지는 스트레스에 놓여있을 뿐 원했던 방향대로 이룬 것이 별로 없다. 다람쥐 쳇바퀴 돌듯 반복되는 일상을 열심히 살아왔건만 여유 없이 숨이 막힌다. 사람 관계는 늘 버겁고 부담되어 힘들다.

가족도 마찬가지다. 부부라도 마음이 통하지 않으면 늘 각자의 방향대로 살아간다. 자녀가 어렸을 때는 말도 잘 듣고 예쁜 짓으로 기쁨도 주었는데 사춘기로 접어드니 친밀감이 떨어진다. 잔주름과 흰머리가 많아지고 원하지 않던 뱃살까지 늘어나서 외모의 자신감도 떨어졌다. 삶 가운데 즐거웠던 순간보다 그저 분주하게 흘려보내는 시간이 많아지는 것 같다. '왜 이리 삶을 힘겹게 사는 것일까?' 돌아본다.

삶에서 감사가 사라져서 힘겹게 느껴지는 것이었다. 해야 할 일을 마냥 스트레스로 받아들이지 않고 일부를 감사로 바꾸어 보자. 내가 태도를 바꾸면 주변 사람들도 포근한 향기를 맡는다. 이러한 향기를 주는 사람으로 살아보자. 따뜻한 말 한마디와 배려를 베푼다고 크게 손해 보는 것은 아니다.

어떠한 상황에서도 사람을 인격적으로 대해야 한다. 그렇게 대하지 못하는 사람은 스스로 인간의 가치를 떨어뜨리는 것과 같다. 몸에 난 상처보다 영혼에 난 상처는 쉽게 아물지 않아서 치료된 것 같지만 비슷한 상황이 되면 과거의 상처가 다시 올라와 더욱 아프게 한다. 감사가 풍성한 사람은 사람을 대하는 태도가 다르다. 늘 친절하며 인정이 넘친다. 그리고 상대를 넉넉하게 받아준다. 이러한 태도가 쌓이고 쌓이면 더 풍성한 감사가 있게 되고 급기야 인생을 살아가는 방법이 달라진다.

"범사에 감사하라 이것이 그리스도 예수 안에서 너희를 향하신 하나님의 뜻이니라"(살전 5:18)

감사를 많이 하면 불안과 근심이 줄어들고 행복으로 연결되는 에너지가 된다. 삶을 돌아보면 참으로 감사한 것이 많다. 우리나라, 지역, 가족, 이웃, 일터 등 비록 만족하지 못하더라도 소중한 가치가 담겨있다. 우리는 어려운 일을 경험하지 않고는 현재의 감사를 망각하곤 한다.

육체적으로 병들지 않고 건강한 삶은 축복이다. 가족 중 누군가가 질병으로 고통스러워하면 구성원 모두의 일상이 행복할 수 없다. 누군가는 일이 너무 힘들고 바쁘다고 불평하겠지만 일을 사모하는 입장에서는 이 불평이 부러울 수 있다.

우리는 부지불식간에 다른 사람과 비교하고 비교를 당한다. 하지만 내가 아닌 다른 사람의 환경을 부러워할 필요는 없다. 지금의 내 가정에 감사하는 것이 현명하다. 아내와 자녀가 있음에 감사하고 한 지붕 아래에서 화목하고 즐겁게 지내는 것, 이것이 바로 천국이라고 생각한다. 그리고 서로의 사랑이 가족을 하나로 모을 것이다. 가정을 즐거움이 가득한 공간으로 만드는 건 서로에 대한 감사가 있기에 가능한 일이다.

아내는 내 남편을 다른 집 남편과 비교하면 안 된다. 물론 남편도 내 아내를 다른 집 아내와 비교할 수 없다. 끝없는 비교는 비참한 결과를 가져올 뿐이다. 아내 또는 남편을 바꾸겠다고 한들 서로 상처만 주고받을 뿐 달라지는 것은 아무것도 없다. 바꿔야 할 것은 내 생각이다. 생각만 바꾸면 모든 것이 달라진다. 그동안 밉기만 했던 배우자가 불쌍해 보이고 나를 만나 고생한 세월이 미안하고 안쓰럽기도 하다.

이렇듯 긍휼히 여기는 마음이 사랑의 시작이다.
"당신이 나한테 해준 게 뭐가 있어?"가 아니라 상대를 있는 그대로 받아주면 단점보다 장점이 많이 보일 것이다. 우리는 서로에게 있는 그대로 감사해야 한다. 특히 남편은 아내에게 감사의 말을 많이 해야 한다. 감사는 상대를 존중하는 긍정적인 표현으로 부부관계를 살찌운다.

  우리는 모든 것을 선택할 수 있다. 생각과 감정까지도 선택한다. 따라서 내 마음이 감사를 선택하는지 불만을 선택하는지 알고 있다. 불만에 사로잡힌 감정을 감사로 바꿀 수 있다. 마음을 바꾸는 것이 쉬운 일은 아니지만 바꾸고 나면 홀가분해짐을 느낄 것이다. 때로는 아무것도 없는 빈손 같지만 그래도 감사하다. 감사를 표현할 수 있어서 감사한 것이다. 감사할 줄 아는 사람은 발전이 있다. 감사의 수준을 높여가는 것이 행복한 삶의 비결이다.

15

꿈과 현실의 차이

방금 전 꿈이 수증기처럼 사라졌다.

잠을 깨기 전에는 어렴풋이 생각났는데 이제는 도무지 기억이 나지 않는다. 기억나는 꿈의 일부분을 가지고 나머지 내용을 찾으려니 현실의 생각이 덧붙여져 꿈 내용을 창작하는 것 같다. 이렇게 끼어맞춘 꿈은 실제 내가 꾼 꿈과 다른 내용으로 재탄생하기도 한다. 하지만 잠에서 깨어 선명하게 기억나는 꿈이 있다. 또렷하게 이야기를 전할 수 있다면 의미 있는 꿈이라고 생각한다. 꿈을 비현실적이라고 할 수 없다. 링컨 대통령은 암살되던 날 실제로 죽는 꿈을 꾸었다고 한다.

성경에는 꿈 이야기가 많이 나오며 요셉(Joseph)과 다니엘(Daniel) 이야기가 자주 인용된다. 요셉의 꿈은(창 37:9) 시간이 흐른 뒤 실현되어 이집트 총리가 된다. 꿈이 성취되는 과정도 바로(Pharaoh)의 꿈 해석을(창 41:29-31) 통해서 요셉의 꿈이 이루어졌다. 다니엘 역시 꿈을 해석할 수 있는 특별한 재능을 받았다. 다니엘은 바벨론(Babylon) 왕 느부갓네살(Nebuchadnezzar)의 꿈을 해석하여(단 2:36) 포로에서 명예로운 지위까지 올라 바벨론 전체를 다스리게 되었다(단 2:48). 느부갓네살 왕은 당대 최강대국인 앗수르(Assyria)를 공격해 멸망시켰고 애굽(Egypt) 세력을 물리치고 남진 정책을 추진하여 남 유다를 침공해 1차로 남 유다 백성을 포로로 끌고 갔는데 이때 소년이었던 다니엘도 따라가게 되었다.

두 차례 침공이 더 이어졌고 남 유다는 완전히 멸망하게 된다. 바사(Persia) 제국의 고레스(Cyrus)에게 멸망 당하기 전까지 바벨론은 중근동의 강대국이었다. 포로 신세였던 다니엘이 바벨론 제국에 이어 바사 제국에서도 고위 관리 역할을 했다는 것은 놀라운 역사이다.

꿈을 상징적으로 이해해야 할지 또는 원래 내용대로 받아들여야 할지는 관점에 따라 차이가 있다. 직접 임신하는 꿈을 꾸기도 하지만 복숭아를 따 먹는 꿈, 큰 고래가 따라오는 꿈, 총알에 맞는 꿈, 생일파티를 하는 꿈, 해충이 몸에 달라붙는 꿈 등은 잉태에 관한 조짐을 알려준다고 믿었다. 복숭아를 먹고 싶어서 꿈에 나온 것인지 태몽인지는 시간이 지나면 알 수 있다.

가족이 죽는 꿈을 직접 꾸기도 하지만 혼자 열차를 타고 가는 꿈, 치아가 빠지는 꿈 등은 가족의 죽음을 상징한다고 보았다. 돼지가 나오는 꿈을 꾸면 복권을 떠올리고 말이 앞으로 나가길 거부하는 꿈은 현재의 근심에서 떠나고 싶은 욕구를 상징하기도 한다.

꿈에서 아버지 죽음을 맞아 몹시 비통해서 격렬하게 울었던 기억이 있다. 프로이트(Sigmund Freud)의 〈꿈의 해석〉에 따르면 아버지 죽음을 실제로 바라는 꿈이라고 했다. 유년 시절 아버지의 폭력에 억울하게 당하면 아버지에게 물리적인 복수를 생각하거나 아버지의 죽음을 바랐던 것이 오늘 밤 꿈에 나타날 수 있다고 한다. 어릴 적 감정이 잊히지 않고 꿈에 나타난다는 것이 신기하다. 엄하고 강압적인 아버지에게 눌려있던 분노의 감정이 우연히 꿈에 나타난다는 것이다. 꿈속에서 아버지 죽음은 거짓이지만 슬픔은 현실이다. 꿈속에서 느끼는 감정은 깨어 있을 때와 마찬가지의 강도로 두 눈에 눈물이 가득 고인다. 유년 시절 오줌을 싸는 꿈을 꾸면 실제로 이불이 젖어 있던 것처럼 말이다.

살다 보면 돌아가신 아버지가 한없이 그리워질 때가 있다. 한 번만이라도 보고 싶어질 때가 있다. 이 마음이 연결되었는지 나는 꿈에서 아버지를 수차례 만났다. 평소에 아버지와 함께했던 일상의 한 장면에서 꿈이 시작된다. 그런데 일상의 모습에서 갑자기 아버지가 죽는 꿈으로 마무리가 된다. 아버지가 생전에 계실 때는 한 번도 이런 꿈을 꾼 적이 없다. 이렇게 돌아가시는 꿈을 꾸면 울다가 잠에서 깨어나고 아침에는 두 눈이 통통 붓는다. 자식으로서 효(孝)를 다하지 못한 마음이 무의식 중에 슬픈 엔딩(Ending)으로 마무리되지만 현실에서 만날 수 없는 한계를 넘어 꿈에서라도 뵙게 되어 행복한 마음이 들곤 한다.

현실에서 사랑하는 상대는 꿈에 나타나지 않는다고 한다. 프로이트의 〈꿈의 해석〉에 따르면 꿈은 바램을 내포하고 있기 때문에 이루어진 바램은 꿈에 나타나지 않는다는 것이다. 사랑하는 연인이 꿈에 나타나지 않는데도 우리는 "내 꿈 꿔"라고 말한다.

꿈은 자유분방하다. 현실에서는 불가능한 상대를 꿈으로 초대해 달콤한 사랑을 나누기도 하고, 범죄행위나 독재 혹은 도발을 꿈꿀 수도 있다. 비록 꿈일지라도 꿈 내용은 자신의 생각과 밀접한 관련이 있다. 왜냐면 생각은 마음에서 오는 것이기 때문이다.

양심은 경고만 할 뿐 자신의 의지를 말리지는 못한다. 생각이 순결할수록 꿈에서도 죄를 짓지 않게 된다.

"모든 지킬 만한 것 중에 더욱 네 마음을 지키라 생명의 근원이 이에서 남이니라"(잠 4:23)

마음이 건강하면 악몽에서 벗어날 수 있다. 때문에 꿈을 꿀 때마다 마음을 점검하는 시간이 필요하다.

소중한 가족을
결속시키는
사랑

요즈음 아무 생각 없이 분주한 나는 소중한 가족을 하
나로 결속시키는 역할을 잠시 소홀히 할 때가 있다. 남
편과 아버지로서 삶의 무게를 감당하는 일은 결코 쉽지
않다. 소중한 가족의 가치를 새기며 다시 힘을 얻고 주
어진 역할을 사랑으로 감당하는 이 땅의 아버지들을 응
원한다.

3부

1
행복의 척도인 아내의 미소

결혼할 때 백년해로(百年偕老)와 달콤한 행복을 약속했건만 분주하게 지내다 보니 약속을 충실하게 감당하지 못했음이 마음에 걸린다. 현재 아내 모습을 떠올려본다.

여전히 해맑고 상큼한 미소가 얼굴에 가득한가?

결혼 전보다 더 세련되고 우아한 모습인가?

아니면 일상에 지쳐 미소를 잃어버린 모습인가?

만약 젊은 날 아내의 모습이 떠오르지 않는다면 오래전 연애할 때 사진을 찾아보면 풋풋했던 아내의 미소가 떠오를 것이다. 지금의 모습이 그때의 모습과 많이 다르다면 아내의 잃어버린 미소를 되찾아 주어야 한다.

그런데 어떻게 해야 할지 막막할 수도 있다. 가장 쉬운 방법은 아내와 단둘이 여행을 떠나는 것이다. 아내를 처음 만났던 장소, 아내와 함께 처음 갔던 여행지, 아내가 가보고 싶은 곳 중에서 장소를 정한다. 추억이 담긴 장소에서 옛 추억이 아련히 떠오르면 사랑을 회복하는 데 도움이 될 것이다.

차 한잔을 앞에 두고 도란도란 이야기를 나누는 동안 아내의 눈망울을 3분 이상 바라보자. 아내가 먼저 눈길을 피할 수도 있다. 외면당해도 포기하지 말고 양해를 구해 아내의 눈망울을 집중해 바라보면 아내의 눈망울 속에 비친 내 모습이 보인다. 내 모습이 아내에게 어떻게 비추는지 돌아보면 함께 살아온 지난 삶이 필름처럼 돌아간다. 고마운 일들, 미안하고 상처를 주었던 일들이 생각난다.

'그동안 얼마나 아팠을까?' 생각하면 마음이 무거워지고 눈물이 흐른다. 그리고는 '다시는 아프게 않게 하겠다'는 새로운 다짐이 생긴다. 아내에게 참을 수 없을 만큼 화가 날 때 아내의 눈망울을 떠올려보자. 그러면 아무리 화가 났어도 감정이 곧 누그러질 것이다.

부부간에 치졸한 신경전을 벌일 때 한쪽이 일방적으로 양보하면 다른 쪽의 피해의식이 커진다. 불평등이 불화로 이어지고 자녀들에게도 좋지 않은 영향을 끼치게 된다. 때문에 어떤 일이든 서로 배려하는 것이 필요하다. 사랑을 건강하게 가꾸어 가는 방법은 오래 참는 것이다. 그런데 참는 것은 엄청난 실력을 요구한다. 결국 얼마나 참느냐는 얼마나 사랑하냐와 같은 뜻이기도 하다.

"사랑은 오래 참고 사랑은 온유하며 시기하지 아니하며 사랑은 자랑하지 아니하며 교만하지 아니하며"(고전 13:4)

당신이 그동안 살아오면서 아내에게 미안했던 것을 다섯 가지 이상 떠올려 적어본다. 그리고는 미안했던 마음을 포함해 그동안 한 번도 꺼내지 못했던 솔직한 감정을 글로 적어본다. 이때의 글은 변명이면 안 된다. 그저 솔직한 자기 고백이면 좋다. 이렇게 작성된 글을 아내에게 전달한다. 아내에게 읽고 생각할 시간을 충분히 주었다면 아내의 응답이 있을 것이다.

이어서 다음은 아내에게 고마웠던 내용을 적어본다. 그동안 고마웠던 일이 물밀듯 떠오른다. 내용을 적으며 아내가 정말로 고마운 사람이란 걸 새삼 깨닫게 된다. 이 역시 글로 적어본다. 그리고 미안했던 내용을 적은 편지와 함께 아내에게 전달한다. 미루지 말고 지금 당장 메모해보자. 이런 시간을 계기로 아내를 대하는 태도가 한층 성숙해질 것이다.

아내들은 남편들에게 '섭섭하다'는 감정을 자주 느낀다. 이 감정을 풀어주기 위해서는 아내의 요구사항을 따뜻하게 받아주는 노력이 필요하다. 아내의 마음을 이해하려고 노력해야 한다. 일찍 퇴근하여 아내와 함께 하는 공간의 개념은 기본이며 생각을 나누는 공감으로 발전해야 한다. 아내의 말에 정성껏 응답해주어 서로 마음이 통하도록 만들어가야 한다.

대화의 내용들이 통상적인 안부를 넘어서 외로움, 우울감, 두려움, 분노 등의 심리적인 감정을 나누고 위로하는 관계가 되어야 한다.

아내는 작은 일에도 감동한다. 때문에 남편의 작은 생활 태도 변화에도 행복을 느낀다. 일상에서 전하는 잔잔한 감동이 가정에 행복을 준다. 아내에게 사랑 표현을 자주 할수록 아내는 사랑받고 있다는 행복감으로 충만해 얼굴에 미소가 퍼지고 예뻐질 것이다. 아내가 행복하면 그 영향은 남편과 자녀들에게 돌아온다.

가끔 아내의 빈자리를 생각하면 상상 이상의 혼란이 예상된다. 가족의 삶이 엉망으로 꼬이게 될 것은 뻔한 일이다. 그러니까 아내를 소중한 존재로 생각하고 더욱 포근하게 사랑해야 한다. 내 앞에 동등한 아내의 가치를 존중할 때 아내의 얼굴에 행복한 미소가 가득해진다.

아내들도 드라마와 현실의 차이를 오가며 화면 속 캐릭터에 빠져서 왕자님을 원한다면 현실은 슬픔으로 가득 찰 것이다. 남편을 드라마가 아닌 현실의 남자로 인정해야 한다. 아내는 남편을 세워줄 수도 있고 망칠 수도 있는 존재이다. 남편이 여러 가지 문제로 흔들릴 때 격려와 사랑으로 도와준다면 남편은 결코 잊지 못할 것이다.

2

아내 잔소리의 핵심

잔소리는 사전적으로 '쓸데없이 자질구레한 말을 늘어놓거나 필요 이상으로 듣기 싫게 꾸짖는 소리'를 말한다. 별거 아닌 일로 잔소리를 계속 들으면 '바가지 긁는다'고 표현하기도 한다. 이는 '잔소리가 바가지를 긁을 때 나는 소리처럼 듣기 싫다'는 의미를 빗대 하는 말이다. 실제로 바가지 표면을 긁으면 같은 패턴의 반복적인 소리가 나서 본인은 물론 주변을 불쾌하게 만든다.

바가지와 관련된 표현은 다양하다. '바가지 쓰다'는 바가지를 이용한 놀이에서 돈을 잃고 손해 보는 것에서 유래되었는데 턱없이 높은 가격으로 물건을 샀을 때 쓰는 말이다. 무언가를 담을 수 있는 바가지 안에 고생스러운 일거리가 담겨있다는 것을 '고생 바가지'라고 부르는데 힘든 일이 많음을 비유적으로 이르는 말이다. '주책 바가지'라는 표현은 줏대 없이 이랬다저랬다 하는 사람을 놀리는 뜻으로 쓴다.

이 중에서 '바가지 긁는다'는 아내의 잔소리를 바가지 긁는 것으로 받아들여 듣기 싫은 감정으로 비하한 표현이다. 내 경험에 비춰볼 때 아내의 잔소리에는 두 가지 유형이 있는 것 같다. 염려와 기대이다.

남편을 위한 아내의 잔소리는 대부분이 염려다. 건강을 위해 조언해주고 원만한 관계유지를 위한 충고와 미래를 준비하는 과정에 조언 등을 담고 있다. 이런 유형의 잔소리는 삶에 긍정적인 효과를 가져와 귀담아듣는 편이 유익하다. 오죽하면 내비게이션(Navigation)과 아내의 잔소리는 들어야 한다는 우스갯소리도 있을까.

반면 기대를 담은 잔소리는 남편들로부터 '바가지 긁는다'는 하소연의 대상이 된다. 회식 자리를 자제하고 귀가 시간을 당겨 달라는 요청, 휴일에 누워 TV 보는 대신 자녀들과 놀아달라는 요청, 생활비 걱정으로 인한 합리적 지출에 대한 요청 등 불만에 대한 변화를 기대하며 잔소리를 하는 것이다.

특히 다른 집 남편과 비교하면서 변화를 요구한다면 남편의 감정을 상하게 만들어 부정적인 피드백(Feedback)이 돌아올 것이다. 사람은 비난을 받으면 그것을 방어하기 위해서 변명을 찾게 된다. 분명한 이유가 있다면 그것을 변명의 방패로 삼아 적극적으로 자기방어를 할 것이다. 변명의 방패가 없을 때는 상대의 말꼬리라도 붙잡고 늘어지며 횡설수설 억지를 부리기도 할 것이다.

이처럼 상대를 아프게 하며 요구하는 잔소리는 말도 안 되는 변명으로 속상하게 끝난다. 속마음은 염려와 기대를 담고 이야기했는데 잔소리 표현 자체가 직설적 어법이라 명령으로 오해하면 불필요한 충돌이 발생하여 서로 간에 상처를 주고받으니 차라리 말하지 않은 것만도 못한 경우가 발생한다.

남편이라면 어느 시점에서 아내의 잔소리가 나올지 예상한다. 이미 패턴을 안다. 그렇다면 잔소리가 나오기 전에 미리 움직여서 잔소리가 나오지 않도록 하는 것이 지혜이다. 퇴근 후 바로 씻기를 원하는 아내의 바람을 저버리고 항상 뉴스 시청 후에 씻었다면 오늘부터 아내가 원하는 대로 해주자. 그러면 이에 대한 잔소리는 사라질 것이다. 이것이 아내의 행복지수를 높이는 방법이다.

잔소리는 결코 짧은 기간에 완성되지 않는다. 잔소리가 나오기까지 분명 충분한 스트레스가 있었을 것이다. 스트레스가 쌓이면 자동으로 잔소리가 나오게 되고 이것이 깊어지면 화로 표출된다. 때로는 자제가 안 될 만큼 폭발적으로 화를 내기도 한다. 아내 역시 자신이 왜 이렇게 화를 냈는지 이유를 모를 때가 있다. 그래서 잔소리가 나오기 전에 미리미리 움직여야 서로 행복하다.

아내 역시 잔소리를 반복하는 것보다 표현의 방법을 달리하는 건 어떨까. 만약 "어떻게 토요일마다 자기만 취미생활을 하고 처자식은 안중에도 없냐?"고 잔소리를 했다면 "토요일마다 약속이 있는 건 알지만 애들이 아빠랑 놀고 싶다고 많이 찾아요. 토요일에 애들과 시간을 보내는 것에 대해 생각해보세요"라고 바꿔보자. 또한 그동안 "무언가를 하지 말라"는 명령조에 가까운 잔소리를 했다면 요청하는 표현으로 바꾸어보자. 명령조의 표현은 아무리 정중히 요구해도 무시당하는 기분이 들 수도 있다. 친절하게 "이것을 해주세요"라고 정중히 부탁하면 상대는 거뜬하게 해줄 수 있을 것이다.

꼭 변화되길 원하는 잔소리라면 짧은 메모나 편지를 전하는 것도 효과적이다. "듣기 좋은 소리도 한두 번"이라는 옛말처럼 잔소리를 계속 듣는 입장도 생각해야 한다. 자녀들 앞에서 남편에게 과도한 잔소리를 자주 한다면 아버지의 권위를 추락시키고 자녀에게 불안을 준다.

"다투는 여인과 함께 큰 집에서 사는 것보다 움막에서 사는 것이 나으니라"(잠 21:9)

언젠가 TV에서 가정을 떠나 산속에서 홀로 사는 남자 이야기를 본 적이 있다. 가장의 책임을 뒤로하고 홀로 지내는 것이 안쓰러워 보였지만 아내와 매일 반복되는 다툼으로 마음에 상처를 입었다기에 이해가 됐다. 잔소리를 듣기 싫어 일상을 긴장하고 산다면 힘겨워서 오래 견딜 수 없다. 조금은 느긋한 마음을 허용해야 한다.

아무리 잔소리를 들어도 쉽게 고쳐지지 않는 습관도 있다. 나 역시 양말을 가지런히 벗어 놓는 일을 제대로 못 해 한동안 잔소리를 들었다. 그런데 어느 날부터 아내의 잔소리가 사라졌다. 아내는 잔소리 대신 제가 벗어 놓은 양말을 그대로 세탁했다. 양말이 거꾸로 벗겨져 있건 공처럼 뭉쳐져 있건 상관하지 않았다. 아내는 양말로 잔소리를 하는 것보다 있는 대로 세탁하는 것을 선택했고 우리는 더이상 스트레스를 받지 않았다.

아내 잔소리가 불평같지만 대부분 사랑이 담겨있다. 아내의 마음을 조금만 알아주면 아내의 태도는 달라진다. 잔소리를 줄이는 방법은 조금 더 배려해 주는 것이다.

3

정으로 깊어진 사랑

정(情)이란 사전적으로는 '사랑이나 친근감을 느끼는 마음으로 서로 통하고 나눈다'는 뜻이다. 하지만 한국인에서 정이란 사전적 의미를 넘어서 인간관계의 기본으로 여겨진다. 그리고 정을 넣어 인정, 온정, 세정, 물정, 사정 등 쓰임새도 다양하다. 인정이나 온정은 남을 가엾게 여기는 따뜻한 마음을 뜻하며 인심과 인성까지 아울러 사람다운 어진 마음이라는 뜻을 담고 있다.

"임금이 대답하여 이르시되 내가 진실로 너희에게 이르노니 너희가 여기 내 형제 중에 지극히 작은 자 하나에게 한 것이 곧 내게 한 것이니라 하시고"(마 25:40)

"이에 임금이 대답하여 이르시되 내가 진실로 너희에게 이르노니 이 지극히 작은 자 하나에게 하지 아니한 것이 곧 내게 하지 아니한 것이니라 하시리니"(마 25:45)

사회적 약자에 대한 인정으로 도움이 필요한 사람들에게 베푸는 것이 사랑이다. 우리는 누구나 사회적 약자가 될 수 있기에 건강할 때 인정을 돌아보아야 한다.

'세정'은 세상의 사정이나 형편 또는 세상 사람들의 인심을 의미한다.

'물정'은 세상의 이러저러한 실정이나 형편을 의미하는데 실정에 밝지 못하면 세상 물정에 어둡다고 말한다.

'사정'은 일의 형편이나 까닭을 남에게 말하고 도움을 받으려는 것으로 피치 못할 일에도 사정이 있다고 말한다.

사실 사람 관계에서는 관심이 깊어져야 정이 생긴다. 애정도 인정도 온정도 물정도 사정도 모두 관심에서 시작된다.

신혼부부에게 정이란 그리 깊지 않아 이 시기에는 결속력이 약한 상태다. 이때 아내의 본가를 흉보면 엄청난 반격이 돌아온다. 남편과 함께한 정보다 부모님과의 정이 깊기 때문이다.

정은 서서히 만들어진다. 그래서 정은 '든다'라고 표현한다. 겨울을 버틴 나무에 새싹이 돋고 따가운 햇볕을 받으며 잎사귀가 자라 푸르름이 더해간다. 선선한 바람이 불기 시작하면 나뭇잎이 울긋불긋 물들기 시작한다. 나뭇잎이 물들어가듯이 세월에 따라 정도 깊어간다. 정이 들면 부부 결속력은 아주 끈끈해진다. 묵직한 사랑으로 농도 짙은 친밀감이 형성되기 때문이다.

정이란 풀과 같다고 생각한다. 도배지에 풀칠해 벽에 붙이면서 바르게 잘 붙었는지 확인한다. 만약에 조금 틀어졌으면 쉽게 떼어낼 수 있고 다시 풀칠을 보강한 뒤에 맞추어 붙인다. 그러나 시간이 지나 풀이 굳으면 완벽하게 떼어내기가 쉽지 않다. 오히려 흉한 흔적을 남긴다.

사람도 마찬가지다. 함께한 세월이 길면 길수록 정을 떼어내기가 그만큼 힘들다. 배우자와 사별 후에 잊지 못해 괴로워하다가 마음속에 병이 들기도 한다. 남아있는 자에게는 참으로 고통스러운 일이다. 부부갈등이 극심해 이혼에 이르렀더라도 시간이 많이 흘러 배우자를 용서하게 되면 함께했던 추억을 감추지 못해 보고 싶은 정에 사무친다. 배우자에게 몹시 분했던 통한의 생명력은 부부가 쌓은 정보다 강하지 못하다. 다시 분한 감정을 품으려 해도 뜻대로 되지 않을 것이다.

가끔 아내는 나에게 사랑보다는 우정이라고 말한다. 부부보다 친구라는 느낌을 강조한 것으로 생각한다. 어느 날은 전우애를 강조한다. 아내는 군대 경험이 없지만 아마도 부부싸움으로 다져진 의리를 말하는 것인지 또는 영적 전우로 한 팀을 강조한 것인지 모르겠으나 정이 들었다는 표현이다. 어느 날 애정 욕구가 넘쳐 다가가면 "가족끼리 왜 이래"라며 외면한다.

가족의 개념은 부부를 중심으로 이루어진 혈연, 입양, 혼인 등으로 구성된 집단을 의미한다. 아내의 가족 개념에서 부부를 일시적으로 배제하고자 했던 마음이 느껴져 섭섭하기도 하지만 가족이라는 단어 자체가 식구라는 정의 깊이를 느끼게 해줘 위로가 된다.

　부부의 인연을 맺어 오랜 세월 함께하는 동안에 행복했던 일도 많지만 의견이 맞지 않아 대립각을 세우며 힘든 고비를 넘겼을 때 흔히 "미운 정 고운 정 다 들었다"라고 말한다. 미운 정이 마이너스(Minus) 요인만은 아닐 것 같다는 생각을 한다. 실제로 고운 정만 가지고 사람 사이에 두터운 정을 만들기는 어려울 것이다. 매일같이 햇볕만 비춘다면 땅은 사막화된다. 옥토가 되기 위해서는 적당한 비바람과 눈보라가 있어야 한다.

　부부 사이에서는 비바람과 눈보라 같은 갈등상황을 흔히 "정 떨어졌다"라고 표현한다. 이 말은 '애착심이 떨어져 싫은 마음이 자리 잡은 것'을 의미한다. 비바람 정도로 정떨어졌다면 홍수와 태풍 같은 상황이라면 사무치게 미워하는 감정까지 발전할 수 있다. 하지만 홍수와 태풍도 지나가기 마련이다. 때가 차면 미운 정이 줄고 고운 정으로 바뀌게 된다. 홍수와 태풍이 자연계에 미치는 긍정적인 요인이 있듯이 부부관계의 홍수와 태풍도 깊은 정을 만드는데 플러스(Plus) 요인이 될 것이다.

　어느 날 아내의 얼굴을 물끄러미 바라보다가 환하게 미소 짓는 모습에 그만 눈물을 흘린 적이 있다. 영문을 모르는 아내는 어리둥절했다. 그 눈물의 의미는 지난 세월에 대한 미안한 마음과 함께 중년을 바라보는 나이에도 아름답다고 느껴졌기 때문이다. 그런데 나는 아내의 아름다움을 너무 모르고 살았다.

인생은 아름다운 것이다. 꽃다운 젊은 시절도 중년도 노년도 동일하게 아름다운 것이다. 이 말은 젊은 시절만 소중한 것이 아니라 중년도 노년도 인생에서 소중하다는 뜻이다. 내가 지금 어디에 있든지 가장 아름답다고 생각하면 된다. 그리고 정이 깊어질수록 소중함도 더할 것이다. 자신을 소중히 여기듯이 타인을 소중하게 여기는 것은 당연한 원리이며 서로의 관계를 살찌게 할 것이다.

4
아내의 소중함을 지키는 원칙

낯선 사람들에게는 곧잘 친절을 베풀지만 아내에게는 금세 인내심을 잃을 때가 많다. 아내는 나에게 소중한 사람이기에 시간이 지날수록 더 깊은 애정 단계로 성숙해야 한다는 걸 잘 안다. 하지만 서로에게 익숙해진 관계는 배려하지 못하고 소홀하게 대할 때가 많다. 가장 큰 믿음 중 하나는 '아내는 언제나 나와 함께 있을 것'이라는 생각이다. 그래서 어떤 이는 아내와 갑작스럽게 사별하고 너무 힘들고 괴로워서 시름시름 앓기도 한다. 아내도 언젠가는 내 곁을 떠난다는 것을 염두에 두고 살면 결코 소홀히 할 수 없을 것이다.

부부는 풀칠 된 종이와도 같다. 막 풀을 칠한 뒤에는 쉽게 떨어지지만 마른 뒤에 억지로 떼어내면 종이는 온전한 모양으로 남아있을 수 없다. 풀칠이 된 이상 서로 의지하고 함께할 때 견고한 상태로 붙어있는 부부가 된다.

남편이 아내에게 할 수 있는 가장 좋은 배려는 아내가 말할 때 경청하는 것이다. 애써 도움을 주려고 대답을 할 필요도 없다. 그저 잘 듣고 호응해주면 된다. 아내가 편하게 속내를 드러내놓고 실컷 말할 수 있는 남편이라면 평소 아내에게 배려를 잘했을 것이다. 여성은 말로 스트레스를 푸는 경우가 많아서 공감만 잘 해주면 만족한 남편으로 인정받을 수 있다.

또 한 가지, 아내가 화낼 때는 가만히 있어야 한다. 홧김에 던진 한 마디에 순간을 참지 못하고 되받아쳤다가는 관계가 악화된다. 아내가 화낼 때 잠시 참으면 부딪히지 않는다. 아내도 화를 내면서 화풀이가 남편에게 쏟아지지 않도록 조심해야 한다. 과거 사건을 들추면 피해가 커진다. 어떨 때는 왜 화가 났는지도 잊은 채 남편의 과거 사건에 집착하기도 한다. 그러면 서로 간에 감정의 골이 깊어지게 되어 아내와 남편 모두 상처를 입는다. 때문에 아내가 화가 났을 때는 감정이 누그러지고 정돈될 때까지 참는 것이 좋다.

부부싸움으로 아내에게 상처를 주면 언짢은 마음과 동시에 미안한 마음이 든다. 갑작스러운 상황에서 의도치 않게 아내에게 상처가 되는 말을 할 수도 있다. 남자들끼리 하는 말 중에 "설거지와 사과는 바로 하는 것이 좋다"고 한다. 감정싸움은 서로 간에 상처만 남길 뿐이다.
부부관계에서 양보는 매번 하는 사람이 하는 경우가 있다.

즉 한 사람만 양보를 한다는 뜻이다. 아내에게 과도한 것을 요구하거나 시킨다면 아내는 힘겨워할 것이다. 아내는 내 손안의 리모컨이 아니다. 리모컨처럼 이용하려고 욕심을 부리면 비참한 결과를 초래하기에 조심해야 한다.

아내는 남편의 인생에서 가장 소중한 사람이다. 이렇게 소중한 사람을 지키기 위해서는 몇 가지 원칙을 세워야 한다.
"네 샘으로 복되게 하라 네가 젊어서 취한 아내를 즐거워하라 그는 사랑스러운 암사슴 같고 아름다운 암노루 같으니 너는 그의 품을 항상 족하게 여기며 그의 사랑을 항상 연모하라"(잠 5:18-19)

첫째, 아내에게 예절을 지키는 것이다.
처음 만나서 사귈 때 정성을 다했던 태도를 생각해보자. 결혼해서 살면서 친절함과 배려가 사라졌다면 이것을 회복해야 한다.
둘째, 아내를 가벼운 웃음거리로 말하면 절대 안 된다.
사람들과 함께 있을 때 아내의 허물을 꺼내어 가벼이 다룬다면 아내에게 수치심을 줄 수 있다. 남편이 가볍게 여기는 아내를 남들이 귀하게 대하지 않을 것이기 때문이다. 모임에서는 의도치 않는 방향으로 대화가 흐를 수 있기에 아내 이야기를 꺼내는 것에 주의해야 한다.
셋째, 아내의 옆자리를 지켜야 한다.
먼저는 마음에서 옆자리를 지켜야 한다. 사람들 속에서는 항상 아내의 옆자리에 있어야 한다. 아내가 꼭 필요한 소중한 사람이라는 걸 계속해서 보여주어야 한다. 아내의 활짝 핀 미소가 시들지 않게 노력해야 한다.

넷째, 사랑을 표현해야 한다.

자주 사랑한다고 말하면 아내는 행복 속에서 안정감을 느낀다. 아내와 소소한 일상의 감정들을 모두 진솔하게 나눌 수 있는 남편이라면 믿음직스럽고 든든할 것이다.

인생에서 가장 큰 복은 좋은 부모를 만나는 것이다. 그러나 이것은 내가 선택할 수 있는 일이 아니다. 다음으로는 좋은 배우자를 만나는 것이다. 그러기 위해서는 내가 먼저 좋은 아내, 남편이 되어야 한다.

집안에 화초가 있으면 정서적으로 좋다. 특별히 앙상한 겨울날 초록의 무성한 화초가 거실에 있으면 분위기가 사뭇 달라진다. 화초에 관심을 가지고 꼼꼼히 물을 주고 변화를 체크하며 돌보아야 그 보상으로 초록의 잎을 만끽할 수 있다. 관심이 소홀하면 금세 나뭇잎에 변화가 생기고 줄기가 마르기 시작한다. 사람도 소홀히 대하면 화초처럼 서서히 마르고 시든다. 아내는 내 것이 아니다. 내 욕심대로 부리면 비참하게 된다. 아내의 위치는 사랑이고 관심이다.

5

자녀의 성장에 미치는 아버지의 영향력

승용차로 왕복 두 시간 또는 대중교통으로 왕복 네 시간 거리를 오랫동안 통근했다. 힘들게 일하고 먼 거리를 되돌아오는 것이 안쓰러웠는지 "회사 근처에서 지내는 게 어떠냐?"는 제안을 받은 적이 있다. 나는 단호히 거절했다. 아무리 가족이라도 떨어져 지내면 관계에 공간이 생긴다. 피곤하더라도 어린 자녀들을 꼭 안아주고 몸을 부딪치며 함께 놀면서 쌓이는 친밀감은 출퇴근의 피곤함과 도저히 비교할 수 없다.

자녀들과 매일 놀아주고 이야기를 나누다 보면 자녀에게는 아버지의 사랑을 채우는 매일의 분량이 있다는 것을 알게 된다. 만족한 분량까지 함께 놀아주면 아이는 내 옆에서 편안하게 잠이 든다. 이렇게 잠든 아이가 얼마나 사랑스러운지…. 그래서 우리 부자는 끈끈한 사이가 됐다. 어쩌다 출장으로 떨어지면 "아이들이 많이 힘들어 한다"고 아내가 말했다. 아빠가 없는 공간에서 허전한 마음으로 쓸쓸한 밤을 보낼 것이라는 생각도 들었다. 보름 정도 떨어져 있다가 만나면 아주 잠깐 서먹하다는 느낌을 받을 때도 있지만 충분히 쌓아 둔 친밀감으로 금세 관계가 두터워진다. 저장된 친밀감은 결코 사라지지 않는다.

유대 속담에 "손님과 물고기는 사흘 지나면 썩는 냄새가 난다"는 말이 있다. 가족의 생활권에 함께한 손님의 영향으로 가족 간에 작은 감정이 생기고 불화로 연결될 수 있다는 것을 썩는 냄새로 표현했다고 이해했다. 손님을 모시고 살면 불편함이 따르는 건 당연하다.

그런데 어떤 가정에서는 아버지가 손님과 같은 위치에 놓이기도 한다. 아버지로서 남편으로서 열심히 살아왔건만 친밀함이 부족해서 손님과 같은 위치에 놓인다면 불편한 동거의 연속일 수도 있다. 손님처럼 아빠를 반갑게 맞아주지만 더이상 관계의 따스함이 형성되지 않는다면 문제다.

친밀한 관계는 일상 속에서 형성된다. 관심과 표현은 친밀감을 유지하는 비결이다. 자녀와 매일 이야기를 나누었다면 충분히 친밀감이 쌓였을 것이다. 오랜 시간을 함께 보냈더라도 대화와 관심이 부족하면 기대만큼의 친밀감은 형성되지 않는다. 자녀들이 사춘기를 겪으면서 아버지를 품에서 밀어내는 것은 순간이라고 하는데 친밀감이 바닥이라면 사이가 멀어질 것이다.

자녀들이 어릴 때는 함께 놀아주기만 해도 욕구를 채워주었는데 점점 성장하면서 부모의 생각과 달라 토라질 때면 너무 난감하다. 어떻게 대처할지 현명한 방법이 떠오르지 않아 막막할 때가 있다. 이럴 때 아내가 자녀를 두둔해주면 아버지의 권위가 신경 쓰이고 반대로 부모가 협공해서 꾸중하는 상황이 되면 자녀는 더욱 빗나갈 것 같다는 생각이 든다. 이럴 때는 중립을 지키되 원칙적인 내용을 강조하는 편이 좋을 것이다.

갑작스러운 대립각이 되었을 때는 불필요한 감정 마찰을 피하기 위해 각자 방에서 잠시 소강상태를 유지하는 것도 좋은 방법이다. 서로 자신을 돌아보며 상대에게 생각할 시간적 여유를 주어야 한다. 아버지도 차분히 생각을 정리하고 논쟁을 피할 수 있는 평안한 상태에 이르렀을 때 자녀의 방문을 열고 들어가 아빠의 생각을 짧게 전하고 나오면 충분하다.

여기서 중요한 것은 논쟁을 피해야 한다는 것, 다시 논쟁으로 격상되면 아직 흥분상태가 가라앉지 않았으므로 세컨 라운드(second round)를 치를 수 있다. 그러니 아버지는 요점 중심으로 자신의 생각을 전달한 후 자녀의 답변을 기다려야 한다. 아버지 생각을 전했으니 자녀도 자신의 분명한 생각을 말할 것이다.

자녀가 말할 때는 잘 경청해 주어야 한다.

크게 잘못하지 않은 이상 용납하고 품어주는 것이 좋다. 고칠 점이 있다면 함께 노력하면 이상적일 것이다. 자녀의 요구가 적절하다면 긍정적으로 수긍해주면 좋을 것이다. 하지만 진리에 어긋나거나 학생 신분에 맞지 않는 주장을 한다면 차분하게 일깨워 주어야 한다. 자녀의 요구에 지금 당장 대답기 어렵다면 "아빠한테 생각할 시간을 줄래"라고 한 후 결정을 유보하는 것도 방법이다. 보호자로서 돌봄의 책임이 있다고 일방적으로 강요하면 관계는 어긋나기 마련이다. 일방적 통제보다 부모는 자녀교육의 방향을 공유하고 자녀가 이를 수용하도록 만들어야 한다. 그렇게 부모의 입장을 이해하는 것이 중요하다. 아버지의 생각이 자녀와 다르듯이 자녀의 생각도 아버지와 다를 수 있다.

감정이 대립할 때는 윽박지르는 것을 자제하고 감정이 누그러질 때까지 기다린다. 마음이 정돈되면 잘못을 말해주되 지적하기보다 서로 나누는 방식으로 훈계하면 좋다. 그러면 자녀도 아버지의 인격을 인정해 줄 것이다. 그리고 자녀 역시 화가 나도 참을 줄 알고 상대의 잘못에 대하여 무턱대고 화내지 않으며 이성을 갖고 원칙에 따라서 접근하는 어른으로 성장할 것이다.

자식이 커가면서 감정적으로 대립이 잦아지기 마련이다. 평소 사소한 일까지 통제하고 윽박지르기 시작하면 자녀들은 서서히 아버지의 부당함을 느껴 점차 마음속에서 아버지의 자리를 밀어내기 시작한다. 감정의 대립각으로 인한 상처로 밀어낼 수 있고 아버지가 도덕적이지 못하다고 느끼면 더 이상 훈육이 먹히지 않을 것이다. 친밀감이 줄어들면 장벽이 세워진 듯한 거리감이 느껴진다. 빠져나간 아버지의 자리는 친구들과 다른 것들로 채워질 것이다.

부모님께 심한 꾸중을 듣고 갈등 관계가 되면 그간의 부모님 헌신이 철저히 무시될 때도 있다. 일부 자녀들은 스스로 성장했다는 위험한 착각을 하기도 한다. 부모님의 고생을 기억하지 못하고 지금의 관계에서만 서로를 바라보는 것이다. 성장 과정을 전체적으로 부정하고 억압과 무관심 속에서 철저히 홀로 외롭게 자랐다는 생각에 이르고 나에게 해준 것이 무엇인지 물으며 부모에게 반박할 수 있다. 참으로 가슴 아픈 이야기다.

아버지가 꼭 필요한 시기에 아버지를 마음에서 밀어내면 아버지는 더 이상 자녀의 삶에 영향력을 미치지 못한다. 자녀가 아버지를 존경하지 않으면 자녀의 삶에서 아버지의 말은 공허한 메아리가 될 뿐이다. 아버지가 있지만 정신적으로 도움을 주지 못하면 아버지도 자녀도 큰 손해다. 아버지의 축복과 교훈 없이 살아가는 자녀의 삶이 형통하지 못한 모습을 주변에서 쉽게 목격한다.

삶을 방황하다가 어느 순간 나를 돌아보니 아버지가 생각난다. "아버지 말씀이 맞았구나"라고 깨달을 때는 너무 늦었다. '아버지가 필요한 시기에 아버지의 축복과 조언을 받아 삶을 영위했으면 훨씬 더 좋은 방향으로 왔을 텐데…'라는 후회만 남는다.

우리는 아버지로서 최소한의 책임을 다해야 한다. 자녀가 아버지를 찾지 않는다고 가만히 있을 것이 아니라 자녀를 찾아가 축복의 메시지를 전해야 한다. 아버지의 축복을 받지 않고는 세상에서 당당하기 어렵다. 일을 해도 기분 좋은 만족이 없고 제대로 하는 건지 의문이 든다. 아버지의 축복은 성경적 원리이다.

"여호와(하나님)는 네게 복을 주시고 너를 지키시기를 원하며 여호와는 그의 얼굴을 네게 비추사 은혜 베푸시기를 원하며 여호와는 그 얼굴을 네게로 향하여 드사 평강 주시기를 원하노라 할지니라 하라"(민 6:24-26).

자녀들을 당당하게 만들고 자신 있게 세상을 열어갈 수 있도록 자녀를 격려하고 응원해야 한다. 축복은 대립각을 만드는 언행이 아니라 사랑의 언어다. 매일 자녀를 안아주어야 한다. 스킨십은 친밀감에 최고로 좋다. 자녀가 힘들어하는 문제를 함께 슬퍼하고 함께 기도해야 한다. 아버지라는 위치가 권위적이고 가까이하기에 먼 관계가 될 수도 있지만 노력에 따라 친구보다 더 가까운 관계로 유지될 수도 있다.

권위를 허물기 위해서는 매일 자녀들을 안아주고 축복해 주는 것이 필요하다. 매일 안아주기를 해왔다면 어색함이 없을 테지만 너무 커버린 자녀를 갑자기 안아주려면 무척 어색할 것이다. 그래도 안아주어야 관계가 열린다. 자녀가 평상시와 다르게 힘들어하거나 화를 낸다면 아무 말 하지 말고 한동안 꼬옥 안아주자. 그러면 자녀가 먼저 마음을 풀고 이야기를 꺼낼 것이다. 백 마디 위로의 말보다 손을 잡거나 안아주는 것이 많은 위로가 될 때가 있다.

혹시 자녀가 불만을 이야기하거나 힘들었던 사정을 이야기하면 "그까짓 것 가지고 그러냐"는 말로 무시하지 말고 같이 힘들어 해주어야 한다. 전혀 공감할 수 없는 상황이더라도 같이 공감해주는 것이 두터운 관계 형성의 시작이다. 아버지의 입장을 전하고 자녀의 생각을 따져보는 일은 나중으로 미루어도 충분히 설명할 상황이 올 것이다. 잘한 것이 있으면 절대로 그냥 지나치지 말고 오버하면서 "자랑스럽다"고 칭찬해주면 자녀는 성취감이 쌓일 것이다. 사람 사이에서는 적극적인 표현이 관계를 살찌운다. 칭찬은 최고의 응원인 셈이다.

조선 시대 자녀교육을 보면 아버지가 중요한 몫을 감당했다. 아버지의 교육을 통해 선비정신이 깃든 것이라고 생각한다. 말하지 않아도 아버지의 마음을 알 것이라는 것은 아버지의 바람일 뿐이다. 아버지의 조언과 축복의 메시지가 당당하며 긍정적인 마인드(mind)를 갖춘 자녀로 성장하는데 바탕이 된다.

아버지가 음주와 흡연을 하지 않으면 자녀의 음주와 흡연 확률도 낮다는 연구 결과를 읽은 적이 있다. 결국 자녀는 아버지의 모습을 보면서 자라기 때문이다. 만취한 채 비틀거리며 하는 말은 자녀에게 커다란 반감을 줄 수 있다. 술 취한 모습을 자주 보인다면 술에 취한 아버지와 맞닥뜨리는 것이 무서워 불안한 마음으로 잠이 들것이다.

자녀들의 미래를 생각하면 아내에게도 함부로 해서는 안 된다. 자녀는 모든 것을 보고 배우기 때문이다. 자녀들은 부모가 서로 사랑하는 모습에서 안정을 느끼며 자신의 일을 잘 해낼 수 있다고 한다.

살다 보면 예기치 않은 문제에 부딪힐 수 있고 갑자기 경제적으로 어려울 수도 있다. 이럴 때 아내가 하소연하며 남편을 무책임하고 초라한 가장으로 취급하면 이를 지켜본 자녀들에게 공격성을 심어주게 된다. 반면에 생활이 어려울수록 서로 격려하며 힘든 시기를 보낸 부부의 자녀들은 용납과 지지를 배우게 된다. 훗날 원망하는 모습이 아니라 격려하는 배우자로 살아갈 것이다. 부모의 말과 행동이 고스란히 자식 삶에 영향을 끼치니 신중해야 한다.

사진은 기억하기 좋은 매체인데 나는 어렸을 때 사진이 거의 없다. 희미하게 남아있는 추억도 시간이 지날수록 기억에서 차

즘 멀어지고 있다. 그래서 자녀들의 성장 과정을 많이 촬영했다. 여행하면서 즐거운 시간을 사진으로 담았고 일상 모습도 담아 성장 동영상을 만들었다. 계절의 흐름에 따라서 자녀들이 성장하는 모습이 눈에 들어온다. 그래서 동영상의 시작과 말미 모습은 확연하게 차이가 난다.

　함께 보냈던 시간들 속에 가족의 추억이 담겨있다. 동영상 시청을 마치면 자녀들은 고마운 마음에 달려와 와락 안긴다. 너무 행복한 순간이다. 이렇게 귀한 시간을 함께 보낸는 것이 축복이라고 생각한다. 자녀의 성장 기록을 남기는 것이 부모의 배려라고 생각했고 만약 자녀가 방황할 때 동영상을 보고 부모의 사랑으로 회복되는 처방으로 쓰이길 기대한다. 또 나중에 아버지가 그리울 때 동영상을 보면서 형제간에 우애 있게 살기를 바라는 마음이 간절하다. 아버지의 영향력이 자녀의 삶에서 잊히거나 무시되지 않기를 소망한다.

6

어려운 자녀교육

자녀교육은 정답 없는 난제이다.

하지만 방법을 찾으면 분명 해결책은 있다. 얼마나 자녀를 연구하고 방법을 찾는지에 달려있다. 어쩌다가 찾아낸 해결책도 일회성일 때가 있고 상황에 따라 변화해야 한다.

첫째 자녀에게 행했던 방법들이 둘째 자녀에게는 통하지 않으니 고유의 개성은 참으로 놀랍다. 교육전문가를 통해 알게된 방법을 자녀에게 적용해도 통하지 않을 수 있다. 배경 지식이 부족해서 프로세스대로 행했는지 모르겠지만 모두에게 공통적으로 적용되는 교육 방법은 없다고 생각한다. 개인마다 개성이 다르기 때문에 아무리 효과적인 방법이라도 공통적으로 적용되기에는 무리가 있다. 잠시 만나는 자녀 상담 전문가로부터 얼마나 정확한 진단이 이루어질지도 의문이다. 데이터를 활용하는 방법제시라고 생각하는데 도움이 되어도 완벽하지는 않을 것이다. 자녀의 성향을 가장 잘 알고 이해하는 사람은 부모이다. 부모는 자녀의 마음을 읽을 수 있다.

자녀가 커가면서 자연스러운 행동의 변화가 있다. 지금 하는 자녀의 행동들이 몇 년 후에는 자연스럽게 없어지는 것을 경험했다. 초등학교 2학년 때 아무리 설명해도 이해하지 못했던 학습 내용을 4학년이 되어 자연스럽게 이해하는 것과 같다. 자녀의 행동을 보면서 지금 고쳐 주어야 할지 또는 성장하면서 자연스럽게 사라지거나 깨우쳐질지 판단하여 훈육하는 것이 현명한 지도이다.

자녀의 행동은 가족과 밀접한 관련이 있다. 자녀들은 당당한 가족 구성원이 되려고 부단히 노력한다. 자신의 역할에 따라 행복을 느끼는 정도가 달라진다. 그래서 어린 자녀라도 부모님의 일손을 도와준다고 할 때 무시하면 안 된다. 가정에서 해소되지 않는 욕구불만이 사회 속에서 나타나기도 한다. 가정에서 돌출된 행동이 전혀 없었던 자녀가 공동체에서는 쉽게 눈에 들어온다. 자녀의 마음만 다독여줘도 엉뚱하고 고집스러운 행동을 멈출 것이다. 욕구불만으로 가득하여 심기가 불편한 자녀에게 마음을 녹이는 따뜻한 한마디가 태도를 변화시킨다. 자녀의 마음을 계속해서 옥토로 유지하는 것이 중요하다. 이를 통해 긍정적인 마인드를 소유한 어른으로 성장할 것이다.

아이나 어른이나 마음을 알아주지 못하면 속상한 것은 마찬가지다. 갓난아이가 울고 있으면 기저귀를 바꾸어 주거나 배고픔을 채워주면 되지만 자녀들이 성장할수록 마음을 파악하기가 쉽지 않다. 어른들은 여간해서 마음을 들키지 않으려 꽁꽁 감추고 포장을 너무 잘한다. 자녀가 소속감을 갖지 못할 만큼 무시당하면 부모의 화를 재촉하는 부정적인 모습으로 변하게 된다. 그런데도 혼을 냈다면 감정이 자라서 복수를 결심할 수도 있다. 부모에게 받은 고통을 되갚아주겠다는 생각을 할 수도 있다. 자녀가 사춘기라면 복수하고 싶은 욕망도 커질 것이다.

자녀가 잘못하면 대뜸 화부터 내는 경우가 있는데 화난 상태에서 가르치는 것은 교육적으로 효과가 없다. 화는 폭발물처럼 강력한 감정의 폭탄이다. 폭발 직전까지 달아오른 화를 참기란 쉽지 않다. 막상 화를 내고는 후회할 때가 많지만 그동안 쌓였던 스트레스는 해소된다. 그렇다면 화를 줄이기 위해서는 그릇 크기를 키우면 된다. 이것은 상대를 용납해 주는 마음의 그릇을 키우는 것이다. 물론 그릇이 커져도 물이 넘치지 않도록 멈추어야 한다. 화를 낼 것 같다고 미리 경고하거나 자녀를 방으로 들여보내 혼자 생각할 시간을 갖게 한다.

배우자와 충돌 직전에 자리를 피하는 것은 그릇에 물이 넘치지 않게 한다. 더 이상 참을 수 없을 때 어떻게 하자는 사전약속을 정하는 방법도 있다. 가령 음악을 크게 틀어 놓는다. 그러면 약속에 따라 더 이상 말을 중단하고 소강상태를 갖는 것이다. 당장은 어렵겠지만 꾸준히 노력하면 서로에게 유익할 것이다.

우리는 자신이 화낼 때 어떤 모습인지 알아야 한다. 아빠가 화낼 때 무섭고 폭력의 위협까지 느끼는지 자녀에게 물어보면 상상 이상의 답변을 들을 수도 있을 것이다. 화를 참는 것도 필요하지만 화를 내면서 더욱 분해지는 감정 고조를 다스려야 한다. 화를 내며 흥분하게 되면 저주와 폭력까지 연결되는 위험이 존재한다. 통제력을 상실하지 않도록 감정 관리가 필요하다.

부모의 흥분된 모습에서 폭력의 두려움에 휩싸이면 자녀는 극도의 긴장으로 어떠한 훈계도 들어오지 않고 오직 이 순간만을 넘기고자 초점을 맞추게 된다. 시간이 지나면 반성보다는 억울함이 클 수 있고 앞으로 반복된 행동을 할 수 있다. 결국 한 번이 두 번 되고 화가 습관처럼 되어 버린다. 그러는 사이에 자녀들은 시들어간다. 화가 자신을 위한 것이지 결코 자녀를 위한 것이라고 볼 수 없다. 불필요하게 자녀의 감정을 노엽게 만들거나 지나치게 엄격한지 생각해봐야 한다. 이유를 설명하지 않고 자녀의 육체를 괴롭히는 습관도 커다란 상처로 남을 것이다.

자녀들은 부모의 행동을 정확하게 따라 하는 거울과도 같다. 부모가 화를 내면 동일하게 화를 낸다. 나중에는 덩달아 욕하고 달려들지도 모른다. 어떻게 부모에게 이럴 수 있냐고 항변

해도 그렇게 만든 부모의 책임도 있다. 성장 과정에 부모로부터 많이 혼났다면 그렇지 않은 경우보다 더 반항하게 된다. 화와 더불어 매를 맞게 되면 공격성이 자라게 된다. 어떤 경우는 혼날 때마다 폭식 증세가 나타나서 과대 비만에 이르고 자신감을 잃게 된다.

이러한 비극을 방지하기 위해서는 자녀들이 무언가를 잘했을 때 반드시 칭찬을 해야 한다. 그래야 또 잘하고 싶어서 더욱 열심히 한다. 성취를 통해서 칭찬받고 싶은 욕구가 계속 커지면서 긍정적으로 성장한다. 이럴 때 화를 돋우는 행동은 줄어들 것이다.

화는 책임감 형성에 도움이 되지 않는다. 명백한 잘못을 했어도 반성하기보다는 어떻게 잘못을 숨길지 잔머리만 늘어간다. 이것이 습관화되면 결코 좋은 성품의 열매를 맺지 못한다. 화를 내며 가르칠 때 자녀의 대답이 반성하는 것 같아도 이 상황을 어떻게 모면할지 계산에서 나온 답변일 뿐이다. 화를 내서 자녀의 행동을 고치는 것은 결코 바람직한 방법이 아니다. 화가 주는 메시지 자체를 처벌로 생각하여 이미 잘못의 대가를 치렀다고 착각하기도 한다.

화는 부정적인 결과를 초래하지만 대화는 긍정적인 결과를 만들어 낸다. 태도가 마음에 들지 않더라도 우선 자녀의 생각을 존중해야 한다. 자녀와 충분한 의사소통을 통해서 좋지 못한 습관이 고쳐지도록 코칭이 필요하다. 잘못된 행동은 그릇된 생각에서 출발한다. 자녀의 잘못된 행동이 누구에게 어떤 피해를 주는지, 양심상 맞는 행동인지, 앞으로 어떻게 행동해야 옳은 것인지 함께 대화하면서 답을 찾아간다. 이야기를 나누다 보면 자녀들은 본인의 잘못을 뉘우친다. 한 번의 대화로 행동이 변화되지 않는다. 반복된 행동을 보일 때마다 다시 말해주면 자녀는 그때의 반성을 생각하면서 자신의 행동을 조금씩 바꾸려고 노력한다.

둘째가 다섯 살이었을 때 화냈던 기억이 있다.

당시 많은 사람으로 인해 복잡한 교회 로비에서 아내를 기다리며 둘째에게 의자에 앉아 기다려달라고 요청했다. 하지만 둘째는 계속해서 떼를 쓰며 안아달라고 했다. 그런데 나는 둘째의 요구를 들어주기가 난감한 상황이었다.

양복을 입어서 아이를 안는 것이 불편했고, 그즈음 허리 통증이 심해졌고 무엇보다 둘째는 외출 때마다 안아달라는 요구를 많이 해 '걷기 싫어하는 마음을 극복시키자'라는 생각에 둘째를 설득하기 시작했다. 그러나 복잡한 로비에서 아이를 이해시키는 것이 마땅치 않았다. 둘째는 사람 앞에서 어쩔 수 없이 잘 받아주는 부모의 약점을 잘 알고 있었다.

둘째에게 "안아 주기가 힘들다"고 이야기했더니 의외로 약간 짜증 섞인 답변이 돌아왔다. "의자에 앉아 기다려 줄 것"을 요청하니 화풀이가 시작되었다. 아빠의 약점을 이용하려는 의도가 엿보이는 행동이 계속되었다. 한쪽 신발을 벗어 뺑 차버렸다. 그리고 양말을 벗어 던져버렸다. 타인의 시선을 이해하고 있던 형이 신발과 양말을 챙겨왔다. 둘째의 고집은 멈추지 않았고 맨발로 건물을 걸어 나갔다.

나는 둘째와 시선을 맞추지 않았고 따라가지 않았다. 이것이 둘째의 감정을 폭발시켰다. 얼마 지나지 않아 내 앞으로 돌아온 둘째는 사람들 앞에서 두 손으로 자기 얼굴을 마구 할퀴었다.

어린아이의 얼굴에 손톱자국이 나자 마음이 짠하게 아프면서도 화가 솟구쳤다. 더 이상 참을 수 없었다. 둘째를 안아 주차장까지 걸어가 차에 태우면서 엉덩이를 세게 두 번 깨물었다. 그동안 수없이 깨물린 것에 대한 복수였다. 나는 무척 화가 났지만 결코 때리지 않겠다는 신념을 지켰다.

아무리 사랑의 매라고 해도 처음이 어렵지 두세 번 들기 시작하면 매로 다스리려는 여건이 될 수도 있기 때문이다. 때문에 애초에 매를 들지 않기로 마음을 정했다. 형이 챙겨온 신발 한 짝을 "동생이 차버린 걸 왜 가져 왔냐?"며 가지고 나와 교회 외벽 모퉁이에 숨겨 놓았다. 나중에 찾아올 생각이었는데 찾으러 가보니 신발이 없어져 마음이 더 아팠다.

가족을 태우고 집으로 가는데 덩그러니 남겨진 둘째의 한쪽 신발이 후방 거울로 보였다. 순간 둘째는 잃어버린 줄 알았던 신발을 손으로 집어 들더니 "짜잔~"하고는 미소를 지었다. 기가 막혔지만 순간 미안한 마음이 들었다. '아빠, 내가 아끼는 신발을 왜 버렸어요'라고 미소로 항의하는 것 같았다.

운전하는 동안 어떻게 훈계할지 계속해서 고민했다. 집에 도착하여 마침 뽀로로 야구 방망이가 거실에 있어서 집어 들고 둘째와 단둘이 방에서 오늘의 행동을 이야기했다. 둘째는 얼굴을 할퀸 것에 대한 잘못을 인정하여 종아리를 맞기로 정했다.

"종아리 대"라고 하자 둘째가 바지를 걷어 올렸고 나는 깜짝 놀랐다. '한 번도 때린 적이 없는데 어떻게 매 맞는 자세를 알고 있지?' 의아했다. 나는 때릴 의도가 전혀 없음에도 태도를 고친다는 이유로 아이에게 공포를 준 것이 미안했다. 그래서 둘째를 꼭 안고 서로 화해하며 기도로 마무리를 했다.

이번 일로 얻은 교훈은 다음과 같다.

"무릇 징계가 당시에는 즐거워 보이지 않고 슬퍼 보이나 후에 그로 말미암아 연단 받은 자들은 의와 평강의 열매를 맺느니라"(히 12:11)

첫째, 어떤 상황에서도 어린 자녀의 요구에 무성의하게 응하지 말아야겠다.

둘째, 아빠의 생각을 미리 이야기해 이해하도록 설명해 주어야겠다.

셋째, 많은 사람들 앞에서 투정 부리는 것이 옳지 못한 행동임을 일깨워주어야겠다.

넷째, 당장 자립심을 요구하는 것은 갈등만 부추길 뿐이니 평소에 자립심을 길러주도록 해야겠다.

그날 이후 둘째는 많은 사람들 앞에서 투정을 부리는 일이 없었다. 미안한 마음이 있어 한동안 일찍 퇴근해 정성껏 놀아주었고 어느덧 마음이 달래졌다고 생각했는데 어느 날 갑자기 리모컨을 들고 내 머리를 쳤다. 얼마나 아프던지 눈에서 불이 났다. 둘째에게 "왜 때렸냐?"고 물으니 앞으로는 안 때린다고 답했다. 순간 '아이도 맺힌 것을 풀고 싶었나 보다'라는 생각이 들어 꼬옥 안아 주었다.

우리는 살면서 자녀에게 치명적인 말을 하기도 한다. "널 보면 답답해" "이 정도밖에 못 해?" "한심해" "어쩌다 널 낳아서…" "뭐가 되려고 그러니?" 등. 이처럼 치명적인 말을 자주 들으면 마음에 상처를 입어 무기력한 삶에 빠질 수 있다. 반면에 제멋대로 하도록 내버려 두면 자녀에게 도움이 되지 않는다. 아이가 제멋대로 행동할 때면 즉시 바르게 고쳐 주어야 한다. 고집을 부리는 것이 습관 되지 않도록 고쳐 주어야 한다.

사춘기에 접어들면 강압적으로 할수록 부작용이 생기기에 대화로 푸는 것이 좋다. 고집을 부리면 냉정하게 대처해야 하지만 잘못을 고백하면 무조건 용서하고 따뜻하게 안아 주어야 한다.

조선 시대 가정에서는 어머니가 기초를 가르치면 아버지는 기본을 교육했다고 한다. 하지만 지금의 아버지들은 너무 바빠서 모든 자녀교육을 아내에게 맡기는 경향이 있다. 그리고 자녀들의 잘못된 행동에 대하여 아내를 원망하며 훈육의 방법을 지적하기도 하는데 이것은 절대로 옳은 방법이 아닐 뿐 아니라 피해야 한다. 또한 할머니들의 간섭으로 부모의 일관된 교육 흐름이 깨지는 경우가 있다. 손주를 사랑하는 절대적인 마음은 이해가 되지만 지나친 간섭은 손주 입장에서는 혼란스러운 상황을 만들 뿐이다. 자녀교육은 부모의 책임이며 그 외에는 모두 제3자임을 명심해야 한다.

자녀가 책임감 넘치고 따뜻한 인격을 갖춘 사람으로 성장하도록 가르치려는데 아버지로서 책임감이 부족하고 배려가 없다면 자녀는 절대로 원했던 대로 성장하지 않는다. 아버지로서 감당해야 할 무게가 느껴져야 한다. 아버지의 모습을 본받는다는 사실을 기억해야 한다. 말보다 삶으로 자녀들을 교육해야 한다. 자녀의 가슴에는 언제나 아버지의 삶이 흐르기 때문이다.

7

세대를 연결하는 아버지 역할

부모라면 누구나 '내 자식은 나보다 더 잘 살기'를 바란다. 이런 마음에 경제적 지원이 과연 자녀들에게 유익한 일인지에 대해 고민하게 된다. 자녀들이 물질적 안정 속에서 다양한 가치를 추구하며 살아간다면 좋으려만 부모에게 예기치 않은 부작용이 올 수도 있다. 가장 마음 아픈 것은 부모의 마음을 몰라주는 것이다. 풍요로운 삶에 익숙해지면 사람은 계속 안락함을 원한다. 어려움을 이겨내는 의지가 약해져서 작은 고난에도 쉽게 포기하거나 피하려 한다. 이런 행동이 습관이 되면 계속해서 부모의 지원을 의지하게 된다. 하지만 부모에게도 한계가 있다.

도자기가 만들어지는 단계는 흙을 취토하여 수비하고 성형한 후에 약 900도의 온도에서 20시간가량 초벌구이한 후, 유약을 입혀 약 1300도에서 1박 2일 동안 재벌구이를 해야 도자기가 완성된다. 두 번의 가열 과정을 거치면서 어떤 이유이든지 고온을 버티지 못하고 갈라지거나 형상이 변형되면 상품성은 떨어진다.

우리 삶에도 위기는 계속해서 찾아온다. 위기를 넘지 못하고 피하려 한다면 당장은 편할 수 있으나 습관이 되면 고난의 온도를 버티지 못한 도자기처럼 쓰임 받지 못할 수 있다.

갑자기 찾아온 고난은 고통의 깊이가 크다. 사람은 예상치 못했던 고난 앞에 유난히 약해지곤 한다. 고난을 처음 경험할 때는 그 무게가 결코 가볍지 않다. 하지만 참고 견디면 내성이 쌓여 더 큰 어려움을 이겨내는 능력이 길러진다.

참을 수 있는 것도 실력이다. 살면서 내가 마주할 고난들이 부정적이지만은 않다. 고난을 이겨내면 자신감이 커지고 성숙해지며 인간의 고통을 깊게 이해할 수 있어 타인에 대한 배려와 양보의 마음이 넉넉해진다. 무엇보다도 고난은 끝이 있다는 것이다. 아무리 힘겨워도 조만간 지나간다는 사실이다. 나그네 인생길에 느닷없이 찾아오는 고난들을 정면으로 맞서 극복하다 보면 내공이 쌓여서 고난인지도 모를 정도로 여유가 생길 것이다. 거센 파도와 폭풍우를 만나도 유연하게 물길을 헤쳐 나올 것이다. 그리고 자신을 바라볼 것이다.

학생들에게는 시험이 고난일 수도 있다. 공부는 인내의 과정이다. 배운 내용을 매일 꾸준히 복습해야 실력이 쌓인다. 공부하려고 앉아 있는 순간에도 잡생각과 유혹들이 집중력을 방해하지만 이겨내고 매일 성실히 복습하다 보면 어느새 학문의 이치가 터득되고 실력이 쌓이게 된다.

한국 근대사를 돌아보면 1910년부터 시작된 일제강점기와 1950년 한국전쟁을 겪은 세대들은 엄청난 긴장 속에서 하루하루를 사셨다. 생사가 달린 일상의 위협들은 스트레스가 되어 돌덩이처럼 단단한 마음이 되었을 것이다.

1953년 전쟁이 끝나자 폐허 속에서 배고픔을 견뎌내야 했다. 당시 아버지들은 끼니를 거르지 않는 것을 목표로 가족을 배불리 먹이기 위해서 손발이 닳도록 일을 했다. 자식들만큼은 덜 고생시키고 좋은 환경을 누리게 하려는 생존과 번영을 위해서 전력을 다했던 아버지들의 수고는 오늘날 대한민국의 경제를 일구어냈다. 하지만 그 다음 세대들은 그 수고와 노력을 깊이 있게 이해하지 못할 것이다.

나는 부모님의 수고와 고통을 충분히 보고 자랐고 대한민국의 경제발전 과정을 몸소 경험한 세대다. 사진기가 없거나 귀했던 시절에는 모든 것을 그림으로 표현했는데 내가 아주 어렸을 때는 집집마다 어르신들의 초상화가 걸려있었다. 사진이 없던 시절에 인물화는 자신의 모습을 남기는 소중한 자료였다.

카메라의 발달은 화가들에게는 반가운 소식이 아니었을 것이다. 흑백 시대에 유년 시절을 보냈지만 학창 시절의 추억은 사진관에서 칼라로 현상된 사진들을 앨범에 보관했다. 1980년대 혁명과도 같았던 디지털카메라의 등장은 촬영한 사진을 컴퓨터 하드디스크에 저장하는 변화를 이루었다. 그리고 인터넷 사이트에 사진을 올려서 추억을 나누는 문화가 시작되었다. 이제는 핸드폰이 카메라 기능까지 점령하는 창조적 파괴 현상으로 핸드폰에서 촬영하고 웹에 공유하고 소통하며 추억을 저장한다. 이 모든 과정은 숨 가쁘게 이루어졌다.

전쟁 그리고 경제번영을 만들어 낸 다음으로 경제성장률 둔화 속에서 살아가는 세대는 할아버지와 아버지의 고단했던 삶과는 차원이 다르다. 처음부터 안락함 속에서 인생의 특별한 어려움 없이 성장했다. 풍요로운 삶 속에서 무엇을 하더라도 간절함이 없는 자녀들의 모습을 본다. 적당히 노력하다가 뜻대로 안 되면 포기한다. 그 과정도 빠르다. 의지가 약해 뜻대로 안 되면 진지하게 고민하지도 않고 쉽게 포기하는 모습에 깊은 우려가 있다. 부모가 자식에게 억지로 고통을 안겨줄 필요는 없다. 하지만 작은 고통도 견디지 못하고 포기하는 것은 안타까운 일이다. 심지어 귀한 목숨까지 포기해 버린 뉴스를 접할 때면 과연 다음 세대에 무엇을 전달해야 할지 고민이 깊어진다.

아버지의 역할과 존재에 대한 성찰이 필요한 시점이다. 요즘의 아버지는 주중에는 종일 직장에서 일하다가 늦은 시간에 귀가하고 주말에는 누적된 피로로 가족을 피해 홀로 쉬려 한다.

일상에서 별다른 대화 없이 성장한 자녀들이 과연 아버지를 얼마만큼 이해할 수 있을까. 아버지의 수고를 이해하지 못하니 자신과 밀접한 관련이 없다고 생각하게 된다. 아들의 마음속에 아버지의 위치는 어디일까?

아버지 일을 옆에서 보고 자란 아들은 아버지의 삶을 비교적 깊이 있게 이해한다. 아버지의 치열한 삶의 모습을 자녀에게 보여주어야 한다.

유년 시절 부모님께서는 농사일로 하루종일 고된 노동을 하셨다. 나는 농사일을 거들었기에 부모님의 상황을 너무도 잘 이해한다. 부모님의 수고의 깊이를 알기에 부모님을 긍휼히 여기는 마음이 깊었고 돕고 싶은 마음이 가득했던 유년 시절을 보냈다. 가족이란 힘들고 어려운 일을 마땅히 공유해야 한다.

자녀를 모르는 아버지도 많다. 사춘기 자녀의 태도를 그저 못마땅하게 받아들이는 아버지도 많다. 자녀를 이해하고 싶으면 친구들을 유심히 지켜보는 노력이 필요하다. 많이 볼수록, 오래 지켜볼수록 더욱 좋다. 그러면 자녀를 평균적인 시각에서 바라보게 된다. 자녀를 못마땅하게 꾸중하는 것보다 구체적인 방향을 말하며 훈계하는 것이 훨씬 효과적이다. 아버지 생각을 충분히 이해하는 자녀는 아버지의 훈계에 불만의 목소리보다는 노력하는 모습을 보일 것이다.

부모와 자식 간에도 세대 차이가 있기에 서로 이해하는 마음이 필요하다. 세대 간의 단절은 안타까운 결과를 가져온다. 자식에게 복수를 당한 아버지에 대한 비극적인 뉴스를 접하면 안타까운 마음이 든다. 자녀가 어리면 아버지 마음대로 할 수 있지만 장성한 자녀는 상황이 다르다. 아버지에 대한 불만과 불신이 가득한 자녀에 의해서 비극으로 생을 마감하게 된다면 너무 슬픈 일이다. 아버지의 존재감이 사라지고 권위가 추락한 것이 원인일 것이다. 평소 아버지의 생각을 공유하는 것이 필요하다. '내 자식이니까 내 마음을 당연히 알겠지'라는 생각은 아버지의 착각이다. 그런데 아버지가 자신의 생각을 말하기도 전에 무턱대고 화부터 냈다면 자녀는 아버지와 마주하길 거부하는 단절이 생긴다.

세대 단절을 피하기 위해 아버지의 생각과 삶의 모습을 자녀에게 전달해야 한다. 자녀에게 해주고 싶은 이야기를 생각해야 한다. 마음이 담긴 아버지의 이야기를 듣고 자녀는 마음속에 아버지를 채워야 한다. 그래야 건강하게 성장할 수 있다. 아버지로부터 배우는 게 많아야 한다는 뜻이다. 아버지의 모습을 몸으로 배워서 아버지의 행동을 따라 한다. 아버지의 말은 가슴에 남아서 정신이 되곤 한다.

우리는 애써 닮으려 하지 않아도 어느 순간 돌아보면 말과 행동이 아버지를 닮았음을 깨닫는다. 아주 세세한 부분까지 닮아있는 모습을 보면서 놀랄 때가 많다. 아버지의 영향력을 고려해볼 때 자식 앞에서 행동이 신경 쓰인다. 아버지는 움직이지 않아도 영향을 주는 위치에 있다.

아버지가 자녀에게 "하지 말라"고 한 것들을 아버지가 먼저 어기지 않도록 노력해야 한다. 자녀들에게 하지 말라고 하고는 정작 아버지가 하고 있다면 당당하게 말할 수 없을 것이다. 그러면 자녀들도 아버지 눈을 피해 하지 말라는 일을 할 수도 있다. '억압'이라고 생각되면 자녀들은 근본적으로 변하지 않으려 한다. 그래서 아버지가 자녀에게 요구한 사항을 아버지가 먼저 지키는 것이 효과적이다. 자녀의 잘못된 모습을 볼 때마다 자신을 정직하게 돌아보아야 한다. 아버지의 말과 행동이 상반된다면 자녀는 "말과 행동이 달라도 괜찮아"라고 스스로 용납하게 된다. 그러니 아버지의 일상의 무게는 가벼울 수 없다.

어린 시절 재래식 부엌에 그릇을 깨끗하게 닦아 놓으면 어느새 재가 날아와 묻곤 했다. 그래서 컵이나 그릇을 사용하기 전에는 항상 물에 헹구었는데 이것을 '까셨다'라로 표현했다. 그런데 지금까지도 물을 마실 때 깨끗한 컵이지만 까시고 마신다. 내가 그렇게 하니 아이들도 똑같은 방식으로 물을 먹는데 그 모습을 볼 때면 무척 신기하다는 생각이 든다. 아주 작은 습관이지만 닮아가는 모습에 놀라기도 한다. 까시고 먹으라는 말을 하지 않았는데….

자녀와의 관계에서 막힌 담이 있다면 관계회복이 필요하다. 관계가 꼬여 있다면 부모님은 물론 자녀도 힘겨운 삶을 살고 있을 것이다. 자녀들의 삶이 막힌 듯 헤매는 모습을 보는 아버지 마음은 힘겨울 수 밖에 없다. 관계회복의 열쇠는 아버지가 가지고 있다. 화해의 자리를 만들어야 하며 자녀의 상처받은 마음을 달래 줄 때 변명이나 화나는 감정이 있더라도 참고 들어주어야 한다. 마음의 상처를 후련하게 털어낸 자녀를 꼬옥 안아 주면 마음의 응어리가 풀리면서 점점 마음이 열릴 것이다. 그 후에는 아버지도 자녀도 새로운 시간이 될 것이다. 관계가 회복되면 자녀는 다시 아버지를 공경하게 되고 이 땅에서도 잘되는 기쁨을 만끽할 것이라 믿는다.

　"네 아버지와 어머니를 공경하라 이것은 약속이 있는 첫 계명이니 이로써 네가 잘되고 땅에서 장수하리라"(엡 6:2-3)

　만약에 아버지가 자녀와 관계 회복하려는 마음이 전혀 없다면 자녀가 먼저 나서야 한다. 감정의 골이 크더라도 화해하고 용서해야 한다. 아버지를 증오하면서 사는 것은 사람이 감당하기에 너무 힘겨운 일이다. 아버지 역시 내면에 상처가 해결되지 않으니 자식에게 실수를 하게 되었다. 아버지의 말과 행동을 모두 이해할 수는 없지만 아버지 역시 고생과 상처들로 힘겹게 버텼을 것이다. 세대를 이해하려는 노력을 통해 아버지의 고단했던 삶을 생각해보면 아버지를 이해하는데 도움이 될 것이다.

나는 우연한 기회에 자녀들의 마음을 아프게 했던 일에 대해 사과를 했다. 아빠 마음대로 화를 내고 상처를 준 것에 대해 용서를 구했고 감정이 북받쳐서 눈물을 흘렸다. 그러자 아이들이 몸들 바를 몰라했다. 눈물에 담겨있는 마음을 어찌 다 헤아릴 수 있으랴 만은 아버지의 눈물을 통해서 진솔한 마음을 전하는 계기가 되었다. 자녀들 앞에서 몇 번 눈물을 보였다고 자녀들이 아버지를 나약한 사람이라고 생각하지는 않는다. 오히려 술의 힘을 빌려 만취 상태에서 야단치는 것을 진솔하게 받아들이지 못할 것이다.

정치, 경제, 교육, 문화, 행정 등은 시대 상황에 맞게 변해왔으며 지금도 변하고 있다. 변화를 주도적으로 만들었건 변화에 밀려 따라왔건 간에 아버지들의 고민과 현실은 자녀들의 고민과는 차이가 있다. 이런 차이를 세대 차이라고 한다. 시간을 거스를 수 없기에 세대 차이는 당연하다고 여겨진다. 하지만 세대 단절은 부모의 삶과 전혀 다른 세대를 형성하게 된다. 세대 단절의 책임은 나에게 있다.

"그 세대의 사람도 다 그 조상들에게로 돌아갔고 그 후에 일어난 다른 세대는 여호와를 알지 못하며 여호와께서 이스라엘을 위하여 행하신 일도 알지 못하였더라"(삿 2:10)

나는 내가 누린 인생 가운데 고귀한 정신과 유익한 모든 것을 자녀에게 전해주어 아이들의 삶이 윤택해지길 바란다. 그중에서 제일은 믿음의 계승이라고 생각한다. 아버지는 자녀에게 심어야 할 것이 많다. 아버지가 심은 것을 아버지 생전에 거두어 들이지 못하면 자녀들이 거두어들일 것이다. 자녀가 이어야 할 것을 준비하는 것이 아버지의 몫이다.

아버지는 자녀가 인생의 큰 판을 구상할 때 역사를 바라보는 안목과 비전을 심어주어야 하고 책임감을 가르쳐야 한다. 또한 조국에 공헌해야겠다는 의지를 북돋아 주어야 한다. 가정에서는 인성교육을 충실하게 시켜서 민주시민의 바탕을 만들어 주어야 한다. 국가는 다양한 분야에서 일할 지도자를 키우는데 교육 아이템을 풍성하게 발전시켜야 한다.

나만 잘되기를 바라는 이기적인 마음은 친구와 동료를 경쟁 상대로 여기게 된다. 하지만 주변을 살피고 베푸는 관심도가 삶을 풍요롭게 이끌어 갈 것이다. 서로 돕고 배려해야 좋은 결과를 만드는 교육 구조의 변화가 사람을 귀하게 대접하는 존엄성을 회복할 것이다. 서로 도와주고 배려하는 것이 더불어 사는 것임을 알게 해야 한다. 나의 여유분을 나누는 것은 '호의'를 베푸는 것이지만 내게도 필요한 것을 나누는 것은 '배려'이다. 특별히 상대방이 도와달라고 할 때는 간절한 마음이 담겨있기에 우선적으로 도와야 한다. 작게라도 도울 수 있다는 것은 축복이다. 돕는 것은 희망을 주고 사랑을 주는 것이며 함께 사는 상대를 배려하는 것이다. 이러한 도움은 결코 사라지지 않는다.

"또 누구든지 제자의 이름으로 이 작은 자 중 하나에게 냉수 한 그릇이라도 주는 자는 내가 진실로 너희에게 이르노니 그 사람이 결단코 상을 잃지 아니하리라 하시니라"(마 10:42)

사람이 마지막으로 하는 말은 아주 중요하다. 임종을 앞두고 마지막 말을 할 때 "제발 너희는 아버지처럼 살지 말고 정직하고 성실하게 살아라"라는 후회의 메시지를 전하는 것보다 "너희도 아버지처럼 살아다오"라는 말을 전하는 것, 어느 것이 더 기억될까?

사람은 누구나 마지막 순간에는 솔직해진다. "아버지처럼 살아다오"라는 아버지의 말은 자녀가 사는 동안 계속해서 파도칠 것이다. 자식은 아버지를 기억하며 그 모습을 닮아가려고 애를 쓸 것이다. 그러려면 아버지를 신뢰하고 존경하는 마음이 바탕에 깔려있어야 한다. 그것이 선행되지 못하면 공허한 메아리로 남을 것이다. 자신 있게 "아버지처럼 살아다오"라고 말할 수 있도록 오늘을 산다면 자녀들은 정신적으로 건강하게 성장할 것이다.

개인적으로 바람이 있다면 육신의 마지막 호흡을 아들의 품에서 마치고 싶다. 인생의 마지막 길을 사랑했던 자녀들이 따듯하게 품어준다면 더없이 행복할 것 같다.

사회진출을 앞둔 자녀는 '나를 필요로 하는 곳이 어디일지?' 고민한다. 내가 희망하는 곳은 나를 필요로 하지 않을 수도 있다. 하지만 나를 필요로 하는 곳에서는 중요한 쓰임을 받을 것이다. 비록 썩 내키지 않더라도 나를 필요로 하는 곳에서 함께하는 것이 헌신이다. 하지만 필요로 하는 곳도 모르고 희망하는 곳이 어디인지도 모른다면 그것은 심각한 문제다. 이를 극복하기 위해서는 삶을 열정적으로 드라이브해야 한다.

청춘을 누려야 할 때 꿈꾸고 도전할 수 있는 일이 없다면 슬픈 일이다. 내 심장을 뛰게 만든 일이 있다면 미친 듯이 해보는 것이 꼭 필요하다. 그렇지 않고 시간을 보내는 것은 청춘을 소비하는 죄가 될 수 있다. 도전 가득한 몸부림 속에서 이 땅을 살아가는 이유를 찾을 수 있을 것이다.

어느덧 다음 세대를 걱정할 때가 되니 젊은 날 내 마음을 설레게 했던 노력들이 기억에 남는다. 가정형편 혹은 용기 부족으로 도전 못 하고 덮어버렸던 일이 후회로 남을 것이다. 다음 세대들은 포기하는 일이 적길 바라는 마음이다.

8

교육에 관한 부모의 역할

기대만큼 오르지 않는 것 중에는 월급, 집값, 주식, 영업실적, 성적 등이 있다. 학부모로서 시험성적에 민감한 것은 당연하지만 더 큰 즐거움은 자녀의 변화다. 공부의 결과로 조금 더 성장한 자식의 모습에서 소중한 가치를 느끼게 된다. 성적으로 자녀를 사랑하는 기준을 삼는 부모는 없을 것이다. 하지만 자녀의 우수한 성적은 부모의 자랑과 희망이다.

공부는 어떻게 지식을 내 것으로 만들지 터득하는 과정이다. 공부한 것을 완벽하게 설명해줄 수 있다면 제대로 배움을 얻은 것이다. 자신의 생각을 다양하게 만들고 생각의 능력을 키우는 것이 학습의 즐거움이다. 때문에 공부란 알면 알수록 모르는 게 더 많아지고 궁금한 것이 정상이다.

일상의 성실함이 요구되는 수학 과목은 벼락치기로 따라잡을 수 없다. 매일 복습과 적용 문제 풀이로 진도를 따라가야 한다. 배운 것을 내 것으로 만드는 과정은 중요하다. 오늘 해야 할 공부를 미루면 나중에는 감당할 수 없는 상황이 된다. 복습을 소홀히 하면 진도를 이해하지 못해 수업시간에 머릿속이 복잡해질 것이다. 공부에 게으름을 피우면 반드시 후회할 날이 생긴다.

사고력을 향상시키는데 좋은 방법은 "왜?"라는 궁금증을 갖는 것이다. 의문을 갖고 알아가는 것이 배움이다. 그런데 배움은 질문에서부터 시작한다. 질문의 수준이 자신의 지적 수준이다. 모르는 것을 질문해 정확하게 알아가는 재미를 깨달아야 한다. 대충 이해하거나 모르는 것을 넘어가는 태도는 좋지 못한 공부 습관이다. 침묵은 배움을 포기하는 것이다. 완벽한 이해가 부족하면 충분히 이해할 때까지 파고 들어야 한다. 배우려는 열정만 있다면 궁금한 질문을 답해줄 스승은 반드시 있다고 믿는다. 탈무드에 '허리를 굽혀야 진리를 줍는다'는 말이 있다. 이 말은 겸손하지 않으면 결코 학문을 배울 수 없다는 뜻으로 배우고자 하는 열린 자세를 말한다.

지식을 억지로 두 종류로 분류하면 일상에 적용할 수 있는 것과 지식 자체로 끝나는 것이 있다. 활용할 수 있는 지식을 많이 갖고 있다면 일상에 보탬이 된다. 지식을 얻는 방법으로 독서가 있다.

유대 격언에 따르면 '한 권의 책을 본 사람은 두 권의 책을 본 사람의 지도를 받게 된다'는 말이 있다. 독서를 통해 몰랐던 지식을 배우고 다양한 간접경험을 접하기에 독서는 정신을 성장시키는 중요한 원천이다.

　도서 보유의 경쟁이 있었던 조선 시대 유학자들은 방안 가득한 책 향기로 많은 도서 보유량을 자랑했다고 한다. 많은 책을 보유하는 것도 중요하지만 책으로부터 활용할 수 있는 지식을 저축하는 것이 역량이 된다. 다독도 중요하지만 지혜를 얻어서 활용하는 것도 필요하다. 이것이 책이 주는 교훈이다. 유학을 떠나는 자녀에게 "책을 가져오지 말고 책 속의 지혜를 얻어와라"라고 말했던 어느 아버지의 충고를 귀담아들을 필요가 있다.

　책은 간접경험의 최고의 스승이다. 내가 세상의 모든 것을 직접경험할 수 없기에 책 속에서 경험과 지혜를 얻는다. 책을 통해서 나와 전혀 다른 생각을 접하게 되면 정신적 충돌이 발생한다. 충격이 클수록 본인의 마음을 움직여서 새로운 생각을 싹 틔워 고정관념의 일관된 생각에서 벗어나 사고의 유연성을 갖게 된다. 다른 사람의 모습을 이해하게 되고 품어줄 수 있는 마음도 함께 생겨난다. 좋은 책을 만났다는 것은 사막에서 오아시스를 만난 것처럼 기쁘다. 미처 경험하지 못한 새로운 사실을 아는 것만으로도 행복하다.

　부모는 가정교육에 책임을 다해야 한다. 지금 내가 자녀에게 무엇을 가르치고 있는지 생각해야 한다. 학교와 학원에서 가르치지 않는 것을 가정에서 가르쳐야 한다. 자녀는 부모의 모습에서 많은 것을 배운다. 좋은 모범으로 살아가는 것이 최고의 교육이다. 자녀는 일상의 경험을 통해 배우고 감정을 소유한다. 만약 자녀에게 "너만 잘되면 된다"고 가르치면 넓은 마음을 갖지 못하는 이기적인 자녀로 성장할 수도 있다.

남편보다 자녀를 우선순위에 두고 무조건 헌신하는 엄마의 태도는 자녀를 결혼시킨 후에도 떠나보내지 못하고 계속해서 의지하고 집착하기도 한다. 이로 인해 엄마도 자녀도 불행한 결말에 이를 수 있다.

부모는 자녀교육에 있어서만큼은 일관된 교육관을 갖고 있어야 한다. 부모의 기분에 따라 방법이 변한다면 자녀는 혼란스러울 것이다. 매를 들려면 사전에 분명한 이유를 설명해야 한다. 이유도 모르고 매를 맞는다면 자식 가슴에 상처를 주게 된다. 또, 이유를 알더라도 매를 맞을 정도가 아니라고 판단한다면 반감을 갖게 될 수도 있다. 작은 잘못에도 심하게 꾸중한다면 자녀의 마음에 그늘을 만들고 파괴성을 키우게 될 것이다. 대화로 훈육할 수 있는 나이가 되면 체벌보다는 대화로 풀어가는 것이 좋다.

화가의 솜씨따라 그림의 내용이 달라지듯 부모의 교육에 따라서 자녀의 바탕 스케치가 달라진다. 재능과 함께 부모 역할의 중요성이 강조되는 이유다. 부모는 자녀의 잠재 능력을 알아내도록 도와주어야 한다. 잠재능력을 끌어내 개발시키면 재능이 된다. 하지만 눈에 띄는 재능을 찾지 못하는 경우도 많다. 그런데도 부모의 과도한 집착과 강요는 배움의 흥미를 잃게 만들 수도 있다.

탈무드 격언에는 "자식에게 일을 가르치지 않으면 도둑질을 가르치고 있는 것과 같다"고 말한다. 일을 시키고 부려먹는 것이 아니라 가르치는 것에 무게를 두어야 한다는 뜻이다. 교육은 시공간을 초월하여 만나는 모든 사람을 교육의 기회로 삼아야 한다. 또한 제대로 된 교육을 위해서는 배우고 익힌 것을 계속해서 활용해야 한다. 그렇지 않으면 얼마 가지 않아 잃어버리게 된다. 십 년간 배운 것을 일 년 만에 잃어버릴 수도 있다. 열심히 영어공부를 했건만 졸업하고 직장생활을 하면서 한동안 사용하지 않으니 외국인과 마주치는 것이 두려울 때도 있다.

자녀가 진로를 선택할 때도 부모로서 제안을 할 수 있지만 강요하지 않는 것이 현명하다. 자녀의 인생이기 때문이다. 자녀 스스로 선택해야 한다. 하지만 가치 있고 보람된 일에 인생을 투자하도록 지도하는 것 역시 필요하다. 오늘의 선택은 미래의 전망을 함께 예측하고 어떤 결과라도 책임을 져야 함을 알려준다. 부모의 생각보다 자녀의 비전이 높고 성숙할 때가 많음을 인정해야 한다. 자녀가 이루고자 하는 꿈을 향해 나아가는데 도움을 주기 위해서 해당 분야의 전문가를 만나게 해주는 것도 방법이다.

존경하는 대상을 우상화하지 않고 과도한 기대를 버리고 현실적인 안목을 얻도록 조언이 필요하다.

미래를 잘 준비할 수 있도록 기초를 다듬는 곳은 가정이다. 높은 성과를 얻으려면 목표가 커야 한다. 한라산(1947m) 등정이 목표라면 적어도 중간높이만큼의 산은 가벼이 올라야 한다. 부자가 되려면 크게 베풀어야 한다. 넉넉한 마음이 있어야 내 주변에 사람이 모이고 여러 가지 정보를 얻어 투자의 기회를 만들게 된다. 마음 씀씀이를 키워주고 생각을 키우는 공간 역시 가정이다.

"마땅히 행할 길을 아이에게 가르치라 그리하면 늙어도 그것을 떠나지 아니하리라"(잠 22:6)를 마음에 새기며 훌륭한 곳으로 교육의 아웃소싱(Outsourcing)도 필요하지만 가정의 역할을 잘 감당해야 한다. 이것이 부모의 역할이다.

9

유산에 대한 생각

나는 무일푼으로 시작했다.

학교를 졸업한 것만으로 감사했다. 신혼의 시작은 늘 경제적으로 부족했다. 허덕이며 지내온 시간들로 아내에게 미안한 마음이 사무친다. 경제적으로 여유롭지 않을 때 소형 아파트를 샀고 높은 주택 부채비율로 생활이 빠듯했다. 당시 무지하고 우유부단한 경제개념으로 많은 혼란을 겪었다.

모든 면에서 검소했던 아내였다. 매달 사용한 비용은 아이들 교육비와 생활비가 대부분이었다. 하지만 주택 대출 비용이 많아 매달 수입보다 지출이 많았고 이것이 조금씩 쌓여 처리 가능한 수준을 초과하여 지불 비용을 미루어 놓는 제도를 이용했다. 이것은 상환금만 키워서 어려운 단계로 확대되었다.

다행히 집을 매매하면서 주택대출 상환은 해결했지만 카드 대출이 괴롭혔다. 아내와 중대 계획을 수립했다. 이는 빚의 포획에서 탈출을 위한 결심이었다. 은행에서 카드빚에 해당하는 총액을 원금균등방식으로 대출받아 해당 카드사들에 빚을 일시 상환하고 즉시 거래정지를 시켰다. 매달 대출금 부담이 커서 수입보다 지출이 많지 않도록 경제를 꾸려가는 힘든 과정이었지만 대출금 상환이 끝나자 매달 그만큼의 돈이 남게 되고 고스란히 적금하게 되어 더욱 축복이라고 생각했다. 이것이 가정의 구조조정이었다.

"노루가 사냥꾼의 손에서 벗어나는 것 같이, 새가 그물 치는 자의 손에서 벗어나는 것 같이 스스로 구원하라"(잠 6:5)

우리는 부부의 협력과 사랑이 있어 가능했다. 성실하게 보낸 결과로 이 시간이 지나 궁핍함을 잊어버린 듯하다. 부채비율이 올라갈수록 부부간에 불화도 상승된다는 보고가 있다. 부채로 인하여 허덕이는 일상이 갈등을 유발한다는 의미이다.

내가 경험했던 고달픔을 자녀들이 모른다는 것에 감사하다. 하지만 자녀를 생각하면 기반이 있어야 한다는 생각을 한다. 이것은 부모로서 갖는 당연한 걱정이다. 하지만 어려움을 물려주지 않으려는 부모의 배려를 자식들은 모를 수도 있다. 자식은 부모의 고생을 지극히 당연한 것으로 여긴다. 오히려 더 많이 받지 못한 서운함으로 "해준 것이 뭐냐?"며 원망할 수도 있다. 자녀들의 필요를 채워주고 돌봐준 것에 대한 부모님 수고를 이해하지 못하는 마음 씀씀이가 안타까울 뿐이다.

자녀에 대한 최소한의 경제적 도움을 어디까지로 정할지는 부모의 철학과 여건에 따라 다르다. 고등학교나 대학 졸업까지 또는 결혼까지 경제지원을 생각하거나 그 이상까지 무한책임을 다하려는 부모도 많다. 물질적 도움이 자녀의 인생에 무조건 유익하다고 보기는 어렵다. 삶을 적극적으로 도전하고 개척하기보다 부모님을 의존하는 나약한 자녀로 만들기 때문이다.

속담에 "소도 비빌 언덕이 있어야 비빈다"는 말의 의미는 밑바탕이 되는 환경이 얼마나 중요한지를 말한다. 비빌 언덕을 도움받으면 다음 경제목표까지가 수월하다. 아무것도 없는 상황에서 시작해 비빌 언덕까지 만드는 데는 어려움이 따른다. 너무 늦게 비빌 언덕을 만들면 다음 목표를 준비할 에너지가 줄어든다.

학비, 전세자금, 주택 마련, 가게, 사업체 등 각자의 상황에 따라 비빌 언덕도 다를 것이다. 부모가 완벽하게 잘 차려놓은 비빌 언덕에서 시작하는 자녀들은 훨씬 여유롭다. 다양한 경험을 누리며 삶의 질에 초점을 맞추고 풍요를 누리며 산다. 더 나아가 자신의 노력으로 생산성을 내고 잉여의 상당 부분을 사회에 환원하기도 한다. 하지만 물려받은 풍족한 삶에 만족하여 더 이상 생산은 하지 않고 소비만 하면서 고생하고 노력하기를 거부한다면 아버지의 뜻과 다른 궤도 이탈이다.

자녀에게 물질적으로 도움을 주고 싶지만 여건이 안될 수도 있다. 과연 어느 만큼 도움을 주는 것이 자녀 삶에 긍정적인 요인이 될지 판단해야 한다. 유대 격언에서는 "부모의 물고기를 주는 것보다 물고기 잡는 방법을 가르치라"고 강조한다. 평생 풍족하게 쓰고도 부족하지 않을 양을 줄 수 없다면 물고기 잡는 법을 가르치는 것이 현명하다.

물고기 잡는 법은 학교에서 배우지 못한다. 경제활동에 참여하면서 제대로 물고기를 잡아야 한다. 청지기 정신을 갖고 경제목표를 세워 생산성을 끌어올려야 한다. 수입만큼 지출하는 것은 분수를 모르는 생활이다. 수입보다 지출이 많지 않도록 절제하고 저축을 통해 목돈이 만들어지면 나눔과 투자를 확대해야 한다. 이렇게 물고기를 잡고 관리하는 훈련을 가정에서부터 가르쳐야 한다.

가정에서 제대로 가르치지 못하면 부모의 물고기만 줄어들고 급기야는 부모의 물고기도 모두 소진된다.

학교와 학원에서 배우는 것으로는 이 세상을 살아갈 방법을 다 배우지 못한다. 세상을 살아가는 방법을 부모님이 몸소 보여주면서 가르쳐야 한다. 필요한 만큼 저축하는 것은 당연하다. 하지만 미래를 걱정해 필요 이상으로 비축하는 것은 욕심이며 경제에 도움이 되지 않는다.

내 저수지에 물이 가득 채워졌지만 저수지 아래 하천은 가물어서 버티기 어려운 상황이라면 물을 흘려보내야 한다. 내 저수지에 가득 담긴 물은 내 것이 아니라 흘려보낸 물이 내 것일 수 있다. 아무리 땀과 수고가 담겨있는 저수지라도 우리는 죽음 앞에 모조리 남겨놓고 가야 하는 나그네 인생이다. 그렇다고 해서 수입 이상을 흘려보내서는 절대 안 된다. 내 저수지를 마르지 않게 돌보는 것이 무엇보다 중요하다.

미래를 위한 준비는 반드시 필요하며 그중에서 적은 것이라도 타인을 위해서 흘려보내는 것은 귀한 일이다. 내가 힘들게 수고하여 번 돈을 나누는 것은 사랑의 행위이며 희생이다(신 15:8). 부모님께서 행하셨던 저수지 관리법과 모든 경험을 자녀에게 가르쳐야 한다. 저축, 투자, 소비 등에 관하여 훈련시켜야 한다. 이를 자녀와 공유하지 않으면 자녀는 많은 시행착오를 겪게 된다.

부모가 자녀에게 흘려보낼 것 중에서 가장 중요한 것은 믿음이다. 부모의 신앙을 자녀에게 흘려보내야 한다. 신앙은 전수이다. 아브라함에서 이삭으로 야곱에게 신앙이 흘러갔다(출 3:6). 부모는 어느 곳에 있던지 한결같은 모습이어야 한다. 교회에서는 거룩한 척하지만 가정에서는 군주 같다면 자녀는 믿음을 거부하게 될 것이다. 자녀에게 말로 훈육하는 것이 아니라 삶으로 보여주어야 한다. 부모가 의롭게 살려는 모습을 보면서 자녀들은 닮아갈 것이다.

마지막 유산은 자녀들과 추억을 많이 만드는 것이다. 부모와 함께한 경험이 풍부할수록 사랑의 유산을 심는 것이다. 삶을 나누고 함께한 경험들이 부모님을 생각하게 만드는 추억을 심은 것이다. 함께 여행을 떠나고 함께 운동하고 함께 보낸 시간이 의미가 있다. 자녀에게 얼마간 재물을 남겨주는 것보다 이 추억을 통해서 부모님의 사랑을 심어주는 것이 더욱 긍정적인 가치를 남겨주는 것이다. 정이 묻어나는 추억은 관계를 훈훈하게 하며 삶을 긍정적으로 지탱해 줄 것이다.

인생의 가치와 목적을 향해가는 길

요즈음 아무 생각 없이 분주한 나는 삶을 이끌리는 대로 살아왔다. 도무지 이대로 계속 살 수 없기에 인생의 가치와 목적을 돌아보는 진단이 필요하다. 이제부터는 삶을 생각하며 움직이는 성숙한 모습으로 행복을 찾아가는 나를 발견할 것이다.

4부

1

사람됨의 품격

국가는 사람을 위하여 만들어졌다. 질서도 서로의 평등한 유익에 바탕을 두고 있다. 어떤 상황에서도 사람이 목적이어야 한다. 국가의 목적에 따른 수단으로 사람이 이용되어서는 안된다.

그런데 역사를 돌이켜 보면 이기적인 인간의 욕심을 채우려고 사람을 수단으로 사용했다. 지구 역사상 인류가 반성해야 할 거래는 노예 시장이라 생각한다. 사람이 사람에 의해서 쇠사슬에 묶이고 짐승처럼 취급당했다. 노예를 사고팔 때는 건강 상태를 점검하기 위해서 껑충껑충 뛰게 하여 값을 매겼다. 뭔가 크게 잘못했다. 하나님 앞에 모든 사람은 존귀하고 동등하다. 노예제도는 하나님께 커다란 범죄행위였다. 그 결과로 아메리카 땅에서는 전쟁을 겪었고 많은 희생을 치렀다.

우리나라에도 노비 제도가 있었다. 노비로서 아픔과 설움이 얼마나 깊었으면 반역적 혁명이 일어났을까. 혁명은 사전적으로 '사람을 변화시키며 사회제도를 바꾸려는 운동'을 말한다. 하지만 기득권자들은 더욱 움켜쥐고 양보하지 않는다. 이로 인해 증오는 증오를 부른다. 증오의 대결은 언제나 참담한 결과를 만들어 낼 뿐이다(삼하 13:15). 이에 대한 해답은 칼을 거두고(마 26:55) 사랑으로 이기는 것이다(마 5:44).

중세 기사들의 폭력적인 태도를 바꾸기 위해 기사도가 만들어졌다. 그 결과 기사들은 정의로운 면모를 갖추게 되었다. 충성을 다하고 명예를 중시했으며 예의 바르게 행동하고 전쟁에서 용감하게 싸웠다. 신사의 개념도 사람이 사람됨으로 나아가는데 중요한 역할을 했다.

신사는 도덕적 품위와 지적으로 높은 수준을 갖춘 사람으로 사람들로부터 존경과 인정을 받았다. 그래서 신사가 많을수록 사회는 건강하고 밝아진다. 모든 사람이 신사가 되려고 노력한다면 삭막하고 끔찍한 뉴스는 줄어들 것이다.

우리나라에는 선비가 있었다. 선비는 학식이 높고 그 학식을 바르게 사용하는 어진 사람으로 오직 학문과 정신 수양에 힘을 다했다. 불의 앞에서는 항거하며 옳은 일에는 목에 칼이 들어와도 지조를 꺾지 않는 늠름한 모습을 갖추려 노력하는 사람이었다. 요즘은 이런 사람이 그립다.

오늘 우리는 내면을 성장시키기보다는 겉으로 보여지는 학벌과 외모를 위해 많이 수고한다. 보편적인 흐름이라 현실을 외면할 수 없는 상황이기에 우리의 태도와 가치도 길들여졌다. 신사와 선비의 개념이 퇴색되었고 이를 성공의 개념이 대신하게 되었다. 성공을 위해서라면 물불을 가리지 않고 달려가는 사람에게 가족은 방해물이 될 수 있다. 가족, 사랑, 도덕의 가치가 무시될수록 삶은 비참한 방향으로 흘러가며 사회의 분위기까지 삭막한 방향으로 흐른다. 지금 우리는 기사도, 신사, 선비 정신을 떠올려 볼 때라고 생각한다.

매일 잘 해오다가 순식간에 의지가 약해지고 믿음도 순간 사라져 버려 과거 모습을 하고있는 자신을 발견한다(잠 26:11). 늘 의식하며 지내도 본성을 바꾸기가 쉽지 않다. 본성은 사전적으로 '사람이 타고난 기질로 태어나면서 갖추게 되는 고유한 특성'을 말하는데 교육에 의해 다듬어지고 개인적인 노력을 통해 변화된다.

예를 들면 불평없이 21일간 살기로 결심하고 불평제로 (Complaint free) 팔찌를 왼손에 착용한 그대로 유지하며 거의 참았는데 순간의 감정을 참지 못해 불평을 하는 순간 허탈감이 밀려올 것이다. 인간 내면의 연약함이 한결같은 모습을 지켜내는 의지를 약해지게 만들 때가 있다. 하지만 포기하려는 생각에서 벗어나고자 노력해야 한다. 그것이 참다운 인간의 모습일 것이다.

필요한 말은 해야하지만 필요 이상으로 말을 많이 하면 괜한 상처를 주어 무익한 결과를 초래하기도 한다. "그 말은 참을 걸…"하며 후회할 때가 있다. 사람됨은 생각이나 말이 아니라 실천이다. 실천들이 완성될 때 사람됨의 품격이 깊어진다. 나의 인격이란 아무도 없을 때 내가 하는 자연스러운 행동이다. 아무도 없을 때 나는 어떤 사람인지 다른 사람은 몰라도 스스로는 알고 있다. 사람들 앞에서만 따뜻함이 넘치는지, 아내와 함께 부부 모임에 참석할 때면 좀 더 행복한 모습을 연출하고자 애를 쓴다. 하지만 아내와 단둘이 있을 때면 사람들 앞에서 행했던 배려는 찾을 수 없다.

남자들은 밖에서는 신사인척하지만 가정에서는 이기적일 때가 많다. 휴지를 주머니에 넣었다가 휴지통에 버리지 않고 사람의 시선만 피하면 길바닥에 던져버리는 것과 같다. 아무도 없을 때 하는 행동이 진정한 나이다.

살면서, 솔직하고 정직하면 불이익을 당하거나 불리한 상황에 놓일 수 있다는 것을 직감할 때가 많다. 그래서 의도치 않게 거짓말로 상황을 정당화한다. "오늘 아침에 타이어가 펑크나서 늦었습니다" 등 입만 열면 거짓말이 저절로 나오는데 양심에 가책이 없다면 문제다. 인간 타락의 시작은 거짓말부터였다. 아주 사소한 것이라 적당히 변명을 둘러댈 수 있지만 그렇게 하지 않고 정직한 대답은 감동을 준다.

"… 내 안에 정직한 영을 새롭게 하소서"(시 51:10)

우리는 많은 욕심을 갖고 산다. 내 욕심이 건강한지 그리고 어디를 향하고 있는지 점검이 필요하다. 동서고금을 막론하고 갈등의 중심에는 탐욕이 원인인 경우가 많다. 나만을 위한 욕심이 남들을 돌보는 관심으로 확대되고 있는지 돌아볼 필요가 있다. 욕심이 지나치면 죄의 단계에(약 1:15) 이를 수도 있지만 욕심이 전혀 없다면 될 대로 되겠지 하는 냉소적인 태도가 스스로의 발전을 약화시킬 뿐 아니라 타인에게 불편을 줄 수도 있다. 어려운 것이지만 욕심을 잘 통제하는 것이 형통한 삶의 바탕이다.

신사와 선비의 모습을 닮아가려고 애쓰는 사람들이 많지 않은 세상이다. 시장에는 명품 브랜드가 넘쳐나고 이를 소유한 것을 근사하다고 말하기도 한다. 하지만 온갖 명품으로 치장한다고 명품인생이 되는 것은 아니다. 삶을 끊임없이 생각하며 점검하는 물음이 조금씩 명품인생으로 이끌 것이라 믿는다.

누군가 나를 보고 있다. 나의 발걸음이 어디로 향하는지 인식해야 한다. 발걸음마다 선을 베풀고 있는지 돌아보아야 한다. 한 번의 비난은 많은 칭찬이 있어야 회복될 수 있다고 한다. 그만큼 인간관계에서 비난은 파괴력이 강하다. 나의 모습을 점검해 지금 하고 있는 일에서 불편한 마음이 든다면 빨리 돌이키는 것이 좋다. 타인에게 감동을 주려면 내가 조금 손해 본다는 양보의 마음이 있어야 가능하다. 계속해 손해를 보면 크게 뒤처질 것 같은 우려의 마음도 들겠지만 인정을 베풀수록 좋은 것으로 채워질 것이다. 배려하는 삶이 조금씩 확대되고 양보가 넘치면 우리 사회는 살맛 날 것이다. 좋은 것을 양보하는 사람이 바보 취급을 받는 것이 아니라 당연한 선택이라고 생각하는 사람이 많아지는 미래를 상상해본다.

2

성숙해 가는 과정

자기소개서에는 성격상의 장단점을 기록하는 칸이 있다. 장점 다섯 가지를 적는 것은 어렵지 않지만 단점을 기록하는 것에 어려웠던 경험이 있다. 성숙하게 포장하기 위해서 단점을 억지로 적어보니 '가공된 나' 같고 단점 자체를 수용하는 마음도 적은 것을 발견한다. 반면 지금 생각나는 한 사람을 떠올려 장단점을 물으면 장점보다 단점을 더 빠르게 떠올리기도 한다. 결국 내가 아는 나와 남이 아는 나는 차이가 있다. 남들로부터 객관적인 피드백들을 들으면 자신의 속마음을 모른다고 치부하여 남들의 충고를 인정하지 않는 경향이 있다.

자신의 인격은 주변 사람들에게 평안을 주고 있는지 또는 긴장하게 만들고 있는지 주변 사람들의 학습된 행동 속에서 성숙함의 수준이 드러난다. 상처를 많이 받은 사람은 자존감이 낮은 반면 자존심은 강해져서 문제를 지적받으면 상대에게 더욱

강하게 공격한다. 자신은 정당하며 타인의 주장이 이치에 맞지 않는다고 반박한다. 이런 자기방어가 습관처럼 나온다. 감정을 관리하는데 약해 상황을 참지 못하고 아주 강하게 화를 내기도 한다. 사랑하는 부부 사이라도 아내가 이러한 상황에 놓이면 아내의 상처는 깊어간다. 차츰 말수가 적어지다 급기야는 남편 앞에서 긴장하게 된다. 이런 긴장 속에서 태의 문까지 영향을 받을 수 있다.

나는 계속 성숙해가고 있는지 또는 유치하고 못 되게 변하고 있는지 스스로 돌아보아야 한다. 타인의 명백한 잘못을 두고 사람의 마음부터 살필 수 있는 넉넉한 여유가 있는지 돌아보아야 한다. 옳고 그름은 그 후에 따져도 늦지 않다.

"이 모든 일에 전심 전력하여 너의 성숙함을 모든 사람에게 나타나게 하라"(딤전 4:15)

사람의 마음을 만지는 것이 실력인데 이는 내가 성숙해야 가능하다. 내가 성숙해야 타인을 품어줄 수 있고 관계를 원만하게 유지할 수 있다. 이것이 많아질수록 평판은 커진다. 평판은 내가 아니라 남들이 나를 세일즈 하는 것이다.

이렇게 되기까지는 시간이 필요하다. 자신을 대변하는 평판을 좋게 만드는 건 실력이다. 오랫동안 정성 들여 쌓아온 보이지 않는 자산이다.

성숙하면 무엇에 집중하고 무엇을 흘려보낼지 알고 행동하게 된다.

어떤 상황에도 평온하게 대처하며 상처를 주지 않고 예의 바르게 풀어가려는 인격을 갖추기까지는 시간과 노력이 필요하다. 이를 위해 마음과 정신을 가꾸어야 한다. 자신의 외모를 가꾸는 노력에 비하여 마음과 정신을 키우는 노력의 결과는 쉽게 표시가 나지 않는다. 독서와 봉사 등 어떠한 활동이든 생각의 깊이가 자란다면 모두 가치가 있다. 외모 역시 중요하다. 외모에서 평온함이 느껴지면 금상첨화다. 여기에 따듯한 마음과 생각까지 깊은 사람은 모두에게 환영받을 것이다.

동일한 문제를 바라볼 때 사람 사이에서는 다양한 견해가 있다. 내가 미처 생각지 못했던 것을 듣게 되면 그의 생각이 깊다는 것이 느껴진다. 나를 더욱 부끄럽게 만드는 것은 나의 좁은 마음으로는 그의 생각을 감당하지 못할 때이다. 또한 타인의 고통을 깊이 있게 품지 못하는 미성숙함도 있다. 생각이 깊어지면 언어의 수준도 달라지며 걱정의 차원까지 높아진다.

속이 깊은 사람이 되고자 노력했지만 내가 아는 나는 여전히 깊이가 얕음을 깨닫는다. 집중호우를 수용하지 못하는 하천이나 강은 범람하여 농작물과 사람들에게 피해를 준다. 하지만 바다는 아무리 많은 비가 와도 잔잔하다. 그런 이유일까? 사람들은 '바다같이 넓은 마음'이라는 표현을 자주 한다. 또는 이기적인 마음을 '밴댕이 속알 딱지'라고 표현한다.

우리는 바다같이 깊고 넓은 마음을 가진 사람을 만나고 싶어 하지만 내가 그렇게 되고자 하는 데는 인색하다.

성격이나 취향이 비슷한 사람끼리는 쉽게 친해지는 경향이 있다. 하지만 코드가 전혀 맞지 않는 사람과도 잘 맞추는 것이 실력이다. 사려 깊은 사람은 이런 차이를 포용할 수 있는 성숙함이 있다. 자신감이 넘치고 열정적이면서 겸손함과 인자함을 갖춘 사람을 만나면 반갑다. 나도 그렇게 되기를 소망한다.

우월감과 열등감은 마치 동전의 양면과 같은 특성이 있어서 방금 전에 넘쳤던 자신감도 순간 사라지고 쪼그라드는 경험을 많이 한다. 콤플렉스(Complex)는 '현실적인 행동을 끌어내거나 지각에 영향을 미치는 무의식 또는 억압된 의식 아래 잠재해 있는 기억'을 의미한다. 정도의 차이가 있지만 누구나 콤플렉스가 있다. 중요한 것은 콤플렉스에 눌려 살고 있느냐는 것이다. 자신이 생각하는 콤플렉스에 대해 어떠한 상황이든지 정서적 반응이 일어나지 않으면 콤플렉스를 극복했다고 생각한다. 반면 사람들이 나누는 대화의 주제가 자신의 콤플렉스와 연관된 내용일 때 갑자기 질문을 받을까 두려워 자리를 피하고 싶은 감정을 느낀다면 콤플렉스 아래 있다고 생각한다.

우리는 다른 사람들이 나를 전혀 신경 쓰지 않아도 쓸데없이 긴장한다. 대화의 주제는 학력, 학교, 지역, 직업, 자녀, 배우자, 외모, 군대 등 다양하다. 자신의 콤플렉스와 관련된 이야기를 할 때마다 스스로를 노출하고 싶지 않은 마음으로 자리가 힘들고 부담스럽다. 자신의 콤플렉스와 연관된 이야기를 자주하는 사람과는 만남을 피하게 된다.

이는 콤플렉스가 주는 강박관념 때문에 벌어지는 일이다. 때로는 콤플렉스가 사람을 성장시키기도 한다. 열등감을 극복하기 위해서 부단히 노력해서 독보적인 위치에 오르기도 한다. 그러면 콤플렉스가 사라져야 하지만 여전히 억압된 의식때문에 여유를 누리지 못하고 자신을 다그치며 앞만 보고 달린다.

콤플렉스가 깊으면 사람들과 교감하는데 어려움이 따르며 깊은 관계를 유지하기도 어렵다. 내 마음을 적당히 차단하는 버릇이 생겨 타인과 깊이 있는 교제가 어렵다. 이럴 때는 나의 한계와 열등감을 인정하자. 사람은 누구나 크고 작은 아픔을 가지고 있으며 분명 한계가 있다.

용기를 내서 자신의 콤플렉스를 공개하자. 한번 털어놓으면 충분하다. 그러면 마음에 평화가 온다. 애써 감추지 않고 편하게 살아가는 삶에서 평안과 자유를 누릴 수 있다. 열등의식에 사로잡혀 무기력할 때마다 '나는 하나님의 존귀한 존재'란 걸 잊지 말아야 한다. 나와 비슷한 성향의 사람은 있어도 나와 똑같은 사람은 없다. 상대 비교에 위축되지 말고 내가 가진 것을 귀하게 여기고 소중하게 가꾸어 나가자.

타인에게 기대고 싶은 마음을 차단하는 것도 콤플렉스를 털어내는 방법 중 하나다. 부모님으로부터 독립해야 하고 배우자에게 기대려는 마음을 떨쳐내야 한다. 아내를 엄마의 연장으로 생각하면 서로 불행해진다. 아내는 남편의 엄마가 될 수 없다. 자녀교육 또는 재정관리를 일방적으로 아내에게 의존하는 것은 위험하다. 책임을 함께하는 자세가 필요하다. 다른 사람을 의존하면 당장은 도움을 받을 수 있어도 장기적으로는 부정적 영향을 끼친다. 뜻했던 결과가 나오지 않으면 원망과 후회만 뒤따른다.

어떤 일이든 나와 호흡이 맞는 사람들만 함께 할 수 있는 환경은 거의 드물다. 대부분은 사람들과 의견이 맞지 않아서 갈등이 발생한다. 이런 여건에서 일해야 한다는 것을 알아야 한다. 그럼에도 좋은 결과를 만들어 내는 것이 실력이다.

좋아하는 것과 잘하는 것에는 차이가 있다. 좋아한다고 잘할 수는 없다. 하지만 좋아하면서 편안함을 느낄 때 발전 가능성이 높다.

더불어 이 일이 사회에 유익을 주며 자신에게 소중한 것이라 꼭 이루고자는 열정이 있다면 좌절의 순간에도 포기하지 않을 것이다. 남들을 따라 쫓아가기 보다 내가 좋아하는 것을 하며 노력하다 보면 행복한 결과가 온다.

목표를 이루고 전성기를 누리고 있다면 삶은 즐겁고 행복할 것이다. 이 시기를 잘 기억해 두어야 한다. 삶에서 중요하고 의미 있는 시간들을 보내고 있기 때문이다. 시간이 흘러 전성기 때만큼 열정과 실력이 미치지 못할 때, 가장 전성기 때의 내 모습은 다음 도약을 꿈꿀 수 있는 베이스캠프 역할이 될 것이다.

3
달란트 활용

사람은 저마다 개성이 있다.

개성을 레스토랑(Restaurant)에 비교하면, 맛이 좋을수록 문전 성시를 이루고 맛이 없으면 파리를 날리는 것처럼 개성이 넘치는 사람 주변에는 사람이 많이 모이고 그렇지 않다면 혼자 외롭다. 하지만 개성이 없는 사람은 없다. 다만 그 개성을 활용하지 못할 뿐이다.

이 세상에 나와 똑같은 이는 한 사람도 없다. 사람은 주형에서 만들어진 복제품이 아니며 모든 사람은 자신만의 고귀함을 갖고 있다. 그 고귀함을 돋보이게 활용하는 사람은 마치 인기 있는 레스토랑처럼 자신의 개성을 꽃 피우는 것이다.

음식 맛이 좋다고 소문나면 상권이 확대된다. 관광지도 마찬 가지다. 인기 있는 관광지에는 특별함이 있기에 사람들로 붐빈다. 개성이 탁월하면 소문난 맛집과 같이 사람을 끌어모은다.

때문에 개성을 키우는 것이 중요하다. 좋은 사람을 만나면 그를 벤치마킹해야 한다. 그의 장점을 모방하면서 성장하면 된다. 롤 모델을 정하고 그를 뛰어넘고자 노력한다면 그만큼 성장할 것이다.

유대인들의 화폐단위였던 달란트(Talent)는 타고난 재능과 개성을 뜻한다. 이는 각자에게 주어진 선물로 사람마다 다르다(마 25:15). 한 사람도 같은 사람이 없다. 주어진 달란트를 개발시켜 이에 맞는 일을 택해 좋아하는 일을 하는 것이 중요하다.

다른 사람의 고귀함을 발견하는 안목은 특별한 실력이다. 장점이 쉽게 눈에 띄는 사람이 있는가 하면 도무지 아무것도 특별할 것 없는 사람도 있다. 하지만 모두 다 고귀하며 분명한 다름이 있다. 가끔은 남들이 가진 재능이 부러워서 무조건 모방해보지만 내게는 낯설고 어색할 뿐이다. 내 달란트가 아니라서 그럴 것이다.

어떤 이는 자신의 달란트를 별 것 아니라고 평가절하하기도 하지만 누군가에게는 너무도 부러운 능력일 수도 있다. 우리는 습관적으로 누군가를 비교한다. 아마도 그렇게 길들여진 것 같다. 학벌, 성적, 직업, 지역, 외모, 성격까지도 비교의 대상이다.

놀랄 것이 많은 세상이기에 "와!" 소리 나는 감탄의 결과물이 아니면 대부분 평범하거나 하찮은 것으로 평가된다. 자신이 얻은 80점이 엄청난 노력의 결과라도 100점 앞에서는 자연스레

의기소침하게 된다. 세상은 100점에게만 관심을 보인다. 외모도 마찬가지다. 이에 대한 박탈감이 심화되니 이를 극복하고자 성형수술이 보편화되었다. 자연스러운 아름다움은 계속 줄어들고 가공된 미(美)만 증가한다. 재산도 만족을 모른다. 충분히 가졌는데도 만족하지 못하고 더 소유하기 위해 욕심내다가 불법에 빠져 법정에 서는 이들의 이야기를 뉴스를 통해 본다.

꿈은 어떤가?

꿈은 자신의 인생을 계획한 인생 방향이다. 그런데 이를 단순한 직업의 눈으로 비교하여 어떤 부모는 자녀에게 "넌 어떻게 그 정도 꿈밖에 없니?"라며 야단을 친다. 모두가 대통령, 장관, 의사, 변호사 등을 한다면 나머지 일들은 누가 감당할까 싶다. 인식의 변화가 필요하다.

가정에서는 형제 또는 자매를 비교하는 것을 중단해야 자녀가 행복하다. 형과 동생을 비교하는 것은 아이들에게 상처를 남긴다. 서로의 실력 차이가 아니라 저마다의 개성을 존중하고 인정해야 한다. 돋보이는 개성을 가진 자녀만 칭찬하고 사랑한다면 다른 자녀는 비참해질 것이다. 나아가 편애는 자녀의 마음을 병들게 한다. 사랑에 소외를 느끼는 자녀에게는 가혹한 행위로 성장발달에 저해될 수 있다. 가정에서 비교와 편애를 중단하고 공평하게 사랑하는 것이 행복을 심는 비결이다.

부모는 자녀에게 개성의 소중함을 알려주고 발전시키도록 배려해주어야 한다. 물론 재능과 게으름은 구분해야 한다. 부족한 실력의 원인이 노력을 게을리한 것인지 또는 달란트가 없는 것인지는 부딪혀 봐야 안다.

자녀를 피아노 학원에 보내고 얼마 되지 않아 "실력이 제자리 같다", "피아노에 재능이 없다"고 말하는 것은 시기상조다. 집에서 한 번도 피아노 연습을 하지 않았다면 열정에 대한 게으름에 해당한다. 게으름은 인간에게 가장 치명적인 수렁이다. 게으름에 익숙할수록 헤어 나오기 쉽지 않다. 물론 다른 분야에 최선을 다했어도 피아노 연주에만 게으름에 빠질 수 있다.

관심 있는 분야에서 열정적으로 노력하면 잠재된 소질이 개발되어 실력이 향상돼 충분히 잘할 수 있는 나를 발견한다. 노력하지 않으니 자신의 달란트가 얼마인지를 모르는 것이다.

전공을 선택할 때 그 분야에 소질이 있는가는 중요한 질문이다. 그 분야에 달란트를 가지고 있다면 두각을 나타낼 수 있기 때문이다. 아무리 노력해도 채워지지 않는 1% 차이로 좌절할 수도 있다. 급기야는 '내가 진로를 잘못 선택했고 이 일은 내게 맞지 않아'라고 생각하고 더 이상 일에 즐거움도 없고 미련도 없다면 너무 슬픈 이야기이다.

자신의 달란트를 모르고 그저 남들을 따라 공부하고 성적에 맞는 대학과 전공을 선택했다면 학업에 흥미를 느끼지 못할 것이고 졸업 후 전공과 무관한 직업을 선택할 수도 있다.

이 경우 시작부터 경쟁에서 밀리고 일에 적응하기까지 오랜 시간이 걸리기도 한다. 자신의 달란트와 무관한 일을 하다가 나중에 재능을 발견하고 뒤늦은 길을 걸을 때도 있다. 고달픔 뒤에 힘겨운 만족을 얻게 되는 것이다. 현재 하고 있는 일은 그저 생계 수단일 뿐 자신이 좋아하는 일은 전혀 다른 업무인 것 역시 슬픈 현실이다. 하루 이틀 해야 할 일이 아니기 때문이다.

자녀의 장래 결정에 관하여 부모가 조언할 수 있지만 최종 선택은 자녀 몫이다. 자신의 달란트는 자신이 제일 잘 알 것이다. 그리고 미래의 가능성을 고려해 선택한 길일 것이다. 물론 몇 년간 해보다가 다른 길을 선택하는 경우도 있다.

자신의 달란트에 맞추어 진로를 선택한 경우가 아니라면 지금 준비하는 것을 전부로 여기지 말고 다른 가능성을 열어두는 마음도 필요하다. 선택과 집중에 너무 서두르지 말고 열린 가능성에 문을 열어두면 지금 하는 일에서 과도한 부담을 덜기도 하고 유연성 있게 새로운 기회를 찾을 수도 있다.

자신의 달란트를 아는 것은 무척 중요한 일이다. 남의 성공을 보고 부러워하는 것 보다 자신의 달란트를 알고 거기에 맞는 진로를 선택하는 게 무엇보다 중요하다. 또 자리가 성공이 아니라 목표한 기간까지 생산성을 유지하며 일에 만족을 누리는 것이 인생에서 더욱 의미 있는 성공이라 생각한다.

4

선택의 문제

퇴근길, 전철역에서 나와 횡단보도 앞에서 보행 신호를 기다리며 전기 통닭구이 차량을 바라보며 생각했다. '한 마리에 6천 원, 두 마리에 1만 원'이라는 가격표가 큼직하게 걸려있다. 횡단보도를 건너면서도 결정하지 못해 결국 그냥 지나쳤다.

'오늘 두 마리를 사서 모두 먹을 수 있다면 좋겠지만 억지로 다 먹으면 소화가 걱정되고 남기면 냉장고에 보관해야 하는데 다시 먹을 만큼 매력적인가?'를 생각하다가 '남기면 버려야 한다'는 것이 마음에 걸렸다. 한 마리는 부족할 것 같지만 천원을 손해 보는 느낌이 들어서 머뭇거리다가 이것도 저것도 사지 못하고 지나쳤다. 사소한 것 같지만 이렇게 마케팅을 하는 것이 장사에 유리할지 의문이 들었다.

이러한 장사 정책이 매출과 어떻게 연관이 있는지 알려면 무조건 한 마리 5천 원으로 장사를 해보면 결과를 이해할 것이다.

또 편의점에서 2+1 판매제품을 한 개만 구입할 때 추가로 값의 50%를 지불하는 것 같은 마음이 들어서 살까말까 망설이게 된다. 3개를 사야 손해 보지 않는 기분인데 당장 3개까지 필요 없어서 아예 사지 못한다. 또 매장에 비슷한 제품이 다양할 때 소비자는 선택하기 힘들다. 결정한 후에도 다른 제품을 다시 보게 된다. 소비자에게 불편도 주지만 비슷한 제품을 다양하게 만들어 시장을 부풀리면 매출은 증가하더라도 영업이익은 감소할 것이다.

식당에서도 음식 종류가 다양하면 메뉴를 선택하는데 시간이 걸린다. 회전율이 빨라야 하는 시간대에는 다양한 메뉴 탓에 손해를 보기도 한다. 애써 메뉴를 선택했는데 "죄송하지만 오늘 그 메뉴는 품절이라서 안 됩니다"라고 하면 유쾌하지 않다.

우리의 삶은 선택의 연속이다. 선택은 의식주부터 취미, 전공, 취업, 배우자 등 인생 전체가 선택으로 이루어졌다. 중대한 선택과 일반적인 선택이 존재한다. 오늘 비교적 중요한 결정을 했다면 일정 기간 삶에 반영되어 결과로 나타난다. 지금의 선택들이 좋은 열매로 풍성하길 바라지만 실상은 아무런 열매가 없을 때도 있다. 뜻하지 않게 갑작스러운 역경을 만나 원망과 불평의 자포자기 심정이 되기도 한다.

순조로울 때와 달리 생각지도 못했던 역경이 사람을 위축시키며 힘겹게 만든다. 사람은 실패를 생각하기 싫어하는 경향이 있어 "그때 가서 생각하자"고 미룬다. 하지만 막상 닥치면 침착하지 못하고 용기까지 잃을 수도 있다. 이럴 때를 대비해 '동전의 양면같이 실패의 상황도 마음속으로 생각해보자'는 제안을 한다.

물론 성공을 더 많이 꿈꾸고 성공이 주는 기쁨을 상상하는 것이 필요하다. 앞으로 희망이 없다면 삶을 열심히 살아갈 동력이 약해진다. 성공을 꿈꾸는 것이 목표한 자리에 서는데 중요한 밑거름이 될 것이다.

유대인 격언에 "부자가 되려면 오늘 먹을 것을 내일로 미루고 내일 할 일은 오늘 해라"는 말이 있다. 목표를 가지고 계획적인 삶을 사는 사람들은 분명 내일 할 일을 알고 있다. 이것을 하루라도 당겨보려는 의지가 목표를 향해 가는데 도움이 될 것이다.

목표에 대한 열정이 부족하거나 내일 할 일을 모르는 사람은 유대인 격언과 반대로 살아갈 수도 있다. 그래서 미루는 것을 너무 쉽게 결정한다. 그리고 어려움이 찾아오면 쉽게 단념하기도 한다.

그렇다면 내 모습은 어떤가? 한발 내디디면 보이지 않는 힘이 뒷감당을 도왔던 경험이 있다. 내 생각으로 모든 것을 파악할 수 없는 초월하는 힘이 함께 했다.

일상의 자투리 시간이 쌓이면 또다른 역량을 만든다.

우리는 시간 날 때마다 세상 소식을 살피느라 분주하다. 검색은 정치, 경제, 부동산, 웹툰, 스포츠, 영화 등 적지 않은 시간을 뉴스 기사를 보는데 사용한다. 물론 흥미도 있지만, 대화에서 소외되지 않으려고 관심을 기울이는 것이다.

이 중에는 가짜뉴스도 많다. 가짜뉴스는 사실보다 증폭되거나 변질되어 사람들의 감성을 자극해 불신, 비난, 걱정을 유발시켜 정신을 소진하게 만든다. 여기에 휩쓸리지 않고 세상을 바라보는 중심을 잡기 위해서는 다양한 각도에서 인간의 고통을 바라봄으로 깊이 있는 시각을 얻는다. 그래서 보수와 진보 언론의 목소리를 함께 듣고 생각한다. 지성에 대한 목마름으로 지식을 채우려는 욕심이 사람을 발전시키지만 변치 않는 지식이 쌓일때 삶에 큰 에너지가 된다. 또한 아는 것으로 끝나지 않고 활용할 때 비로소 지식의 가치가 더해진다.

살다 보면 정의롭지 못하고 의도치 않은 잘못을 할 때가 있다. 아무리 변명해도 소용이 없다. 법을 어긴 처벌 대상이 아니라면 크게 위축받지 않고 편안한 마음으로 처리하는 것이 필요하다. 사람은 누구나 신념이 약해지면 죄에 취약할 수 있다. 만약 상대방에 피해가 발생했다면 피해자에게 자신의 잘못을 충분히 사과하고 보상을 요구하면 원만하게 합의한다(마 5:24-26). 그러나 피해를 사과하지 않고 미룰수록 감당해야 할 어려움은 커진다. 죄를 용서받는 것과 처벌은 다르며 뒷감당이 따를 수 있다는 것을 기억해야 한다.

개인적으로 "링컨 대통령은 훌륭하다"고 생각하는 이유는 진정으로 병사들을 사랑했던 흔적을 느낄 수 있기 때문이다. 남북전쟁에 자원입대한 큰아들에게 보낸 아버지 링컨의 편지 내용에서 마음의 울림을 받았다. "위험한 곳에는 남보다 먼저 가고 안전한 곳에는 너의 친구를 보내라"는 내용이다. 과연 아버지로서 어떤 심정으로 이런 말을 했을지는 잘 모르지만 분명 내 모습과는 대조적이다. 이러한 마음 하나가 모여서 전쟁을 승리로 이끌었다고 생각한다.

삶의 중요한 결정은 선택의 문제가 아니라 반드시 행해야 하는 일임을 알고도 거부했다면 이로 인해 뒤늦은 후회가 있을 것이다. 대표적으로 믿음을 선택의 문제로 생각해 미루는 것이다. 하지만 인생은 내 뜻대로 사는 것이 아니라는 것을 느낀다. 그래서 믿음을 붙잡아야 한다.

"그에게 이르시되 일어나 가라 네 믿음이 너를 구원하였느니라 하시더라"(눅 17:19)

5

청지기 자세

청지기는 사전적으로 '주인이 맡긴 것들을 주인의 뜻대로 관리하는 위탁관리인'을 뜻한다. 재물에 대한 효율적 사용에 초점을 맞추어 소유자의 개념이 아니라 사용자로서 책임을 감당하는 것이 청지기의 역할이다.

누가복음 16장 1-8절 내용은 청지기의 자세를 설명한다.

주인의 재물을 관리하는 청지기가 주인의 소유를 낭비한다는 소문을 듣자 주인은 문제를 확인하여 청지기의 직무 여부를 결정하기로 한다. 그동안 청지기는 모든 계산을 정확하게 해왔고 자신은 물론 주인에게 손해 되는 일을 하지 않았다.

이로 인해 사람들로부터 "매정하다"는 평가를 들었고 그 비난의 목소리가 주인의 귀까지 전해진 것이다. 주인집에서 떠나면 자신을 환영해줄 사람들이 없다는 것을 예감한 청지기는 주인의 것으로 인심을 쓰기 시작했다. 채무자들을 불러 장부를 고쳐 빚을 줄여준 것이다. 이런 호의 중에는 주인의 소유는 물론 자신 몫의 수수료까지 포기했다. 이러한 인정을 베푼 사실까지 주인은 알게 되었고 주인은 뜻밖에 청지기가 지혜롭다고 칭찬했다. 그 이유는 이제야 주인의 뜻대로 행했기 때문이다. 주인은 빚진 자들이 많은 빚을 갚을 능력이 없다는 것을 알았다.

청지기는 빚을 줄여주었고 사람들은 탕감받은 빚을 감당하게 되었다. 주인의 뜻을 분별하여 주인의 뜻대로 관리하는 것이 청지기이다. 자신의 성과와 유익을 생각해서 내 마음대로 행하면 불의한 청지기가 되는 것이다.

우리는 가정과 일터에서 어떠한 모습을 하고 있는지 생각해 볼 필요가 있다. 재물은 움켜쥘수록 사라져버리고 이 땅에서 마지막 호흡을 마치면 모조리 남겨두고 가야 한다. 그래서 불의의 재물이라고 표현한다. 결국 이 땅에서 사는 날까지 사용했던 돈만이 내 것이다. 반면 빚을 잔뜩 남겨놓고 떠나야 한다면 마지막 호흡까지 미안함으로 힘겨울 것이다. 이런 비극을 피하기 위해서는 분명한 경제 주관이 있어야 한다.

먼저는 소비에서 건강해야 한다. 수입보다 지출이 크지 않는 재정관리는 기본이다. 그런데 이 기본이 결코 쉽지 않다. 생계에서 가장 큰 지출은 주택이다. 주택부담금이 너무 크기에 은행의 도움 없이는 해결하기 어려운 것이 현실이다. 은행에 손을 내미는 순간 매달 지불할 원금과 이자에 대한 부담감이 발생한다. 경제 능력이 있을 때는 감당하지만 그렇지 못하면 대출이자는 엄청 무서운 짐이 된다. 평생 은행 대출금만 갚다가 떠나는 것같아 속상하기도 하다. 빚이 증가하면 감당해야 할 무게가 증가한다.

"부자는 가난한 자를 주관하고 빚진 자는 채주의 종이 되느니라"(잠 22:7)

성경의 경고이다. 대출을 받아야 한다면 미래에 대한 충분한 검토가 필요하다. 현재 부부의 소득 기준으로 대출받아 주택을 구입해 목표한 상환 시점까지 대출을 갚게 된다면 축복이다. 하지만 신혼부부가 실수하는 경제적 부담감의 주요 사례는 계속되는 이사 스트레스로 인해 맞벌이 상황의 여유를 가지고 대출에 의존해 주택을 구입하는 것이다.

때로는 무리하여 필요 이상의 큰 집으로 이사한다. 그러나 자녀를 출산하고 육아로 인해 싱글 인컴(외벌이: Single Income)이 되자 가정경제에 적신호가 온다. 감당해야 할 대출금에 육아비용까지 더 해지면 경제적으로 허덕이게 된다. 아내로부터 힘겨운 목소리가 나오기 시작하고 좋았던 부부관계도 균열되기 시작한다. 상한 감정의 표현은 경제적 이득도 없지만 서로에게 응어리까지 남기게 된다.

이 상황에서 현재의 부채를 계속 방치할 수 없다. 당장 빚 갚기 계획을 세워 실행에 옮겨야 한다. 대출금을 감당할 수 있는 주택으로 이사를 고려하는 것도 방법이다. 또한 현재의 부채를 청산할 때까지 더이상 빚지지 않아야 한다.

청지기 자세는 소유가 아니라 규모의 경제를 일구어내는 것을 말한다. 거주 목적보다 소유 목적이 강했기 때문에 무리한 결정을 하게 된 것이다. 당장 사고 싶은 마음을 통제하고 시간적 여유를 갖고 필요성을 따져보아야 한다. 지금 사야 할 기회를 놓치면 안 된다는 감정은 경제적으로 도움이 되지 않을 뿐만 아니라 후회를 남긴다. 꼭 필요한 합리적 소비인지 생각하고 구매를 결정해야 한다. 가전제품이나 액세서리 등을 사고 후회하는 경우가 많다. 큰 비용을 지불해야 하는 주택은 더욱 신중해야 한다. 미래까지 고려해 충분한 계산과 확신을 가지고 결정해야 부담감을 줄일 수 있다.

우리는 청지기로서 자신의 욕심을 관리해야 한다. 많이 가진 부자도 가난한 사람도 모두 자기 식사를 할 뿐이다. 욕심을 내어 저녁을 과식하면 밤새 뇌가 쉬지 못해 아침에 일어났을 때 개운하지 않다. 과도한 욕심은 과식한 것처럼 불편한 결과를 초래한다.

청지기로서 거래에 정직했는지 돌아보아야 한다. 정직하지 못한 거래는 양심을 버리는 것과도 같다. 암산이 빠르면 판단이 빨라서 분초를 다투는 거래에 도움이 되지만 기본은 정직이다. 작은 이익을 얻기 위해서 정직하지 않으면 최종 결과는 더 큰 손해를 보게 되는 것이다.

세상은 고품질을 찾는 소비자가 많아지고 있다. 제품에 가치를 높이려면 가격을 높이라고 하지만 가격만 높인다고 매출이 오르는 것이 아니다.

품질과 성능이 뒷받침 되어야 한다. 우수한 품질과 성능을 만들기 위해 최선을 다하는 것이 청지기의 자세이다.

요즘은 장사가 잘 안되고 사업이 어렵다고 한다. 또 경제전망이 어둡고 경제활동이 예전만 못해 생활이 힘들다는 목소리도 크다. 사실 40년 전과 비교하면 풍요로움 속에서 살아가고 있다. 흑백 텔레비전도 귀했던 유년 시절을 보냈는데 이제는 눈부신 기술 발전 덕택에 편리한 일상생활의 혜택을 누리고 있다. 비록 빠듯한 생활 가운데도 소박한 행복을 누리는 것이 청지기의 태도이다.

온라인(Online) 활동이 주가되는 시대에 정직을 바탕으로 한 스마트한 청지기 자세가 무엇인지 질문을 드리며 이 장을 마무리 한다.

6

마음 관리

　마음의 위치가 어디인지 궁금할 때가 있다. 마음은 참 신기하다. 따듯한 사연을 접하면 포근해졌다가 슬픈 소식에는 울컥한다. 마음은 분명 가슴속에 존재하는 것이 느껴진다. 눈과 귀를 통해서 들어온 입력이 뇌에서 처리되어 마음에 감정이 샘솟아 몸의 각 지체들을 통해 표현된다.

　마음은 사전적으로 영혼 전체를 가리킨다. 또 정신 활동의 심리 요소인 지정의(知情意)에서 감정을 정서와 양심으로 나누어 구분하면, 지성은 해야 할 일을 분별하며 의지는 선택과 거절을 한다. 정서는 좋고 싫은 감정이고 양심은 도덕적 의식으로 마음에 가책을 느끼도록 한다. 이상 네 가지가 결합해 작용하는 것을 통칭해 마음이라 부른다. 마음의 형성과정은 복잡해 이해할 수도 없고 어느 순간에는 내 마음도 파악이 안 되어 모를 때가 많다(렘 17:9).

마음은 모순으로 가득해 갈피를 잡기 어려울 때가 종종 있다. 정신은 마음의 상태를 표현하는 것으로 어떤 정신도 그 근원인 마음이 흔들리면 영향을 받는다. 군 생활할 때 "정신상태가 빠졌다"는 표현을 자주 들었다. 정신이 원하는 것을 마음에서 따라주지 못하기 때문이라고 생각한다. 반대일 경우도 있을 것이다.

살다 보면 생각지도 못했던 어려운 일들이 다가온다. 원하지 않던 일들이다. 이로 인하여 마음이 힘들어진다. 마음이 힘들면 몸에 반응이 오기 시작한다. 몸살이나 두통이 오고 심하면 탈진하기도 한다. 몸에 나타나는 증상들은 약물로 치료할 수 있지만 마음은 어렵다. 우리 속담에 "모든 것은 마음먹기 달렸다"고 한다. 내 마음만 바꾸면 어려운 일을 받아들일 수 있고 새로운 마음으로 달려들게 된다. 상황은 변한 것이 없지만 내 마음을 바꾸니 자신감까지 생긴다. 그래서 마음을 밭이라고 표현한다. 잠시라도 밭을 돌보지 않으면 잡초들이 무성하게 자라서 농작물에 피해를 주듯이 마음을 돌보지 않으면 다른 사람에게 상처를 주고 자신도 상처를 받는다.

우리는 겉모습을 화려하게 가꾸고 스펙을 쌓기 위해 많이 노력한다. 하지만 정작 마음을 가꾸는 노력은 상대적으로 부족하다. 어떤 사람은 인류를 품을 만큼의 큰 사랑이 담긴 꿈을 갖고 분주한 삶을 살아간다. 반면 누군가를 증오하며 힘겹게 살아가기도 한다. 증오의 마음을 품고 살아가는 삶이 안타까울 뿐이다. 그 마음이 얼마나 힘겨울지 안쓰럽다.

외적으로는 근사한 신사 같지만 마음속에 용납이 없는 사람이 많다. 평상시에는 특별한 문제가 없지만 갈등이 있을 때면 용납하지 못하는 마음 때문에 상대에게 상처를 준다. 때로는 부딪히기 싫어서 문제를 회피하기도 한다. 그리고 불편한 마음을 잊기 위해서 쾌락으로 눈을 돌리는 경향도 있다. 그래서 여행이나 쇼핑을 한다. 하지만 문제는 해결되지 않고 곪고 있을 것이다. 지금 회피하거나 미뤄두었던 일이 생각나서 불편한 마음이 생겼다면 가볍게 넘기지 말고 해결을 위해 나서야 한다.

긍정적인 마인드를 소유한 사람 주변에는 사람이 모인다. 긍정적인 생각은 긍정적인 결과를 만들어내고 미래지향적으로 나아가기 때문에 사람들이 가까이 지내고 싶어하기 때문이다. 무엇보다도 진리로 향하는 정직한 노력이 인간의 가치를 풍부하게 한다(요 14:6). 내 마음속에 진리가 가득하면 행복한 인생이다.

마음의 상태를 벤치마킹하려고 성경에서 '마음' 단어가 들어있는 문장을 찾아보았다. '마음에는 다양한 표현들이 있는데 이를 분류하는 것이 의미가 있을까?'라고 생각했지만 비슷한 표현들을 묶어보며 무수한 마음을 만들어 내는 것이 경이롭다.

미워하는 마음의 표현에는 '미워하다, 증오하다, 싫어하다, 업신여기다' 등이 있다. 악한 마음의 표현에는 '악하다, 악독이 있다, 완악하다, 부패하다' 등이 있다. 선하지 못한 마음의 표현에는 '간사하다, 가증하다, 교만하다, 의심하다, 굽다' 등이 있다.

슬픈 마음의 표현에는 '슬프다, 아프다, 상하다, 가라앉다, 쓰리다' 등이 있고 억울하고 절망스러운 마음의 표현에는 '원통하다, 원망하다, 허망하다, 낙심하다, 자책하다' 등이 있다.

약한 마음의 표현에는 '연약하다, 쇠약하다, 허약하다, 산란하다' 등이 있다. 불안한 마음의 표현에는 '불안하다, 초조하다, 조급하다, 떨리다, 두렵다, 약해지다, 위축되다' 등이 있다.

흥분된 마음의 표현에는 '격동하다, 들끓다, 불붙다, 뜨겁다' 등이 있다. 즐거운 마음의 표현에는 '즐겁다, 좋다, 기쁨이 넘친다, 상쾌하다, 자랑하다, 평안하다' 등이 있다.

흔들리는 마음의 표현에는 '흔들리다, 빼앗기다, 미혹 당하다, 유혹되다' 등이 있다. 변하는 마음의 표현에는 '돌이키다, 변하다, 다르다' 등이 있다. 답답한 마음의 표현에는 '미련하다, 둔하다' 등이 있다. 걱정하는 마음의 표현에는 '번민하다, 번뇌하다, 걱정하다, 근심하다, 걸리다, 찔리다' 등이 있다.

정직한 마음의 표현에는 '정직하다, 진실하다, 바르다, 온전하다' 등이 있다. 현명한 마음의 표현에는 '슬기롭다, 지혜롭다, 민첩하다, 준비하다' 등이 있다. 온유한 마음의 표현에는 '겸손하다, 가난하다, 낮아지다, 온전하다, 부드럽다, 깊다, 살찌다, 청결하다' 등이 있다.

의지가 확고한 마음의 표현에는 '강하다, 정하다, 완고하다, 완강하다, 굳다, 굳게 하다, 확정하다, 새기다, 두다, 두지 않다' 등이 있다. 간직하는 마음의 표현에는 '품다, 원하다, 새기다, 주장하다, 지키다, 확정하다, 생기다' 등이 있다. 기대하는 마음의 표현에는 '소원하다, 서원하다, 생각을 넣다, 담아주다, 욕심내다, 원하다' 등이 있다.

함께하려는 마음의 표현에는 '알아주다, 알다, 같이하다, 하나 되다, 기울이다, 감찰하다, 향하다, 다하다, 베풀다' 등이 있다. 이해하는 마음의 표현에는 '알다, 깨닫다, 같이하다' 등이 있다.

우리는 이렇게 다양한 마음의 표현들 대부분을 경험해 본 것 같다. 간직해야 할 마음이 있는 반면에 오래 품지 않아야 할 마음도 있다. 외형적으로 드러나는 모습을 위해서라면 온갖 노력을 기울였지만 마음을 가꾸는 일에는 소홀했다. 하지만 성경에도 마음을 지키는 것의 중요성을 강조하고 있다.

"모든 지킬 만한 것 중에 더욱 네 마음을 지키라 생명의 근원이 이에서 남이니라"(잠 4:23)

마음은 외형적으로 드러나지 않으니 자유라고 생각하겠지만 품은 동기가 정결해야 실제적 행동까지 정결하다. 마음에서 허용하면 실제적 행동은 아무런 제약을 받지 않을 것이다.

"나는 너희에게 이르노니 음욕을 품고 여자를 보는 자마다 마음에 이미 간음하였느니라"(마 5:28)
"마음의 즐거움은 얼굴을 빛나게 하여도 마음의 근심은 심령을 상하게 하느니라"(잠 15:13)

모든 것은 마음에서부터 시작된다. 어떠한 마음을 품고 살아가느냐에 따라서 삶이 달라지고 특히 얼굴이 달라진다. 그래서 사람의 얼굴은 마음을 대변한다고 한다. 마주하기 불편할 정도로 무서운 인상을 하는 사람은 얼굴이 문제가 아니라 마음이 문제일 것이다. 그래서 가까운 사람일수록 상대의 표정 변화를 통해서 무슨 일이 있을 거라고 짐작해 안부를 묻곤 한다(느 2:2). 마음에서 감당하기 어려운 일이 생기면 대부분 얼굴로 표현되기 때문이다.

특별히 경계해야 할 마음은 '완악하다, 교만하다, 미혹 당하다, 의심하다, 조급하다, 부패하다' 등으로 결코 유익하지 않은 마음이다. 오래 품지 않아야 할 마음은 '증오하다, 원망하다, 자책하다, 걱정하다, 슬프다, 완강하다' 등으로 지금 이런 마음을 품고 있다면 떨쳐버려야 한다.

갑작스러운 병마 앞에 마음이 위축되어 초조하고 약해질 수 있는데 이로 인해 마음이 상하면 병 앞에 넘어지게 된다. 하지만 병 앞에서도 강하게 마음을 정하고 평안 가운데 지내다 보면 병을 이길 수 있다. 병을 이길 수 있는 것은 신념이며 강한 마음이다.

"사람의 심령은 그의 병을 능히 이기려니와 심령이 상하면 그것을 누가 일으키겠느냐"(잠 18:14)

누구나 수술을 앞두고 불안한 마음을 감출 수 없다. 수술이 점점 가까워질수록 환자의 두려움은 배가된다. 이 순간 아래 말씀은 많은 위로가 된다.

"두려워하지 말라 내가 너와 함께 함이라 놀라지 말라 나는 네 하나님이 됨이라 내가 너를 굳세게 하리라 참으로 너를 도와 주리라 참으로 나의 의로운 오른손으로 너를 붙들리라"(사 41:10)

마음은 계기만 되면 변하고 움직이기에 늘 긍정적으로 관리해야 함을 잊지 말아야 한다. 현재의 모습에서 벗어나는 방법은 굳어진 마음을 바꾸는 것이다.

7

일상의 지도

　보통 사람들에게 일상은 강한 구속력을 갖는다. 일상에서 벗어난다는 것은 매우 이례적이며 특별한 결심이 필요하기 때문이다. 일상의 구속에서 벗어난 사람들은 자유분방하고 시간에 쫓기지 않는 여유로운 모습이다. 일상을 벗어나지 못하는 나와는 대조적이라 부러울 때가 있다. 난 그렇게 살아갈 여건도 안되며 여유도 없다. 무언가를 하지 않으면 불안하다. 일에 대해 강박관념이 있다.

　지금 하는 일을 멈추면 안 될 것 같은 무거운 마음을 갖고 살아간다. 매일매일 시간마다 분주했지만 그렇게 긴급했던 일들이 조만간 몽땅 잊힌다. 일 년은 물론 한 달 전 일도 기억하지 못한다. 시간, 분, 초마다 분주했지만 일상이라는 큰 틀에서 보면 집과 일터를 오가는 단조로운 동선이었다. 일 년을 일하던 수십 년을 일하던 일의 내용은 달라져도 일상은 비슷하다.

평범한 하루를 보내며 단조로운 삶에 싫증을 느낄 때도 있다. 하지만 갑작스러운 불의의 사고나 질병으로 병원 신세를 지는 어려움을 겪어봐야 평범한 하루의 소중함을 느끼게 된다.

순조로운 일상은 축복이다. 순탄하고 평범한 삶은 행복이다. 순조로운 일상에서 멀어지면 평범했던 일상이 가장 그리워진다. 가족과 이웃들에게 각박했다면 순조로운 일상의 축복을 누리지 못한 것이다. 평범한 하루를 보내며 조금 더 양보하고 배려하는 미덕을 베풀고 있는지 돌아보아야 한다. 가족을 사랑하는 것은 선택이 아니라 책임이다. 먼저 자신을 사랑해야 가족을 넉넉하게 사랑하게 되고 더 나아가 이웃까지 사랑하게 된다.

일상에서 취침시간을 제외하면 가족과 함께하는 시간은 지극히 짧은 편이다. 반면 일터에서 보내는 시간은 생각보다 길다. 일은 긴 시간 동안 나와 함께했고 내 삶의 많은 부분을 차지했다.

생계를 위해 일하는 사람도 있고 꿈을 이루기 위해 전념하는 사람도 있다. 그리고 일을 소명으로 여기고 가치를 일구기 위해 노력하는 사람도 있다. 분명한 것은 우리는 모두 각자의 다양한 이유를 가지고 일터에서 하루를 보내고 있다는 것이다.

일은 희로애락뿐 아니라 삶의 보람을 느끼는 에너지를 만들기에 생계유지 이상의 가치가 담겨있다. 그래서 일을 통해 얻는 보람이 소득 이상의 가치가 있어 일에 몰두하게 된다. 소득

만을 놓고 본다면 개인의 열정과 헌신이 아까울 수도 있지만 일에서 행복과 보람을 찾을 수 있기에 의미 있는 삶이 된다.

분명한 목표를 갖고 일에 전념하는 것과 끌려가듯이 일을 마주하는 것은 분명 다른 결과를 예상한다. 일에 대한 현재의 태도를 점검하자는 제안보다 더 중요한 것은 지금 하고 있는 일을 계속해야 하는 분명한 가치가 있는지 자신에게 물어보는 것이다. 답답한 것은 내 인생 길을 누구에게 물어야 할지 모를 때가 많다. 내비게이션처럼 갈 길을 잘 안내해 주는 방법이 있으면 좋으련만….

사람의 조언을 많이 들으면 도움이 될 수도 있지만 결정적인 확신은 떨어진다. 확신 있는 답을 어떻게 얻을지를 찾는 것이 인생의 과정이라고 생각한다. 성경에는 해답이 담겨있다. 하지만 쉽게 찾아가는 내비게이션(Navigation) 처럼 맵(Map) 정보가 있는 것은 아니다. 내 삶을 깊이 생각하며 성경을 읽다 보면 갈 길에 대한 해답을 찾게 된다. 쉽지 않은 방법이지만 성경에 분명한 답이 있다.

기도할 때 머릿속에 좋은 아이디어가 떠오르기도 하고 마음속에 울려 퍼지는 감동의 메시지가 남기도 한다. 하지만 기도만 하고 힘쓰지 않으면 이루어지는 것이 없다. 기도하며 함께 노력할 때 선한 손이 돕는 것을 경험하게 된다.

우리는 모두 나그네 인생길을 잘 인도해 줄 길잡이를 갈망한다. 끝이 보이지 않는 사막 한가운데 놓여 있다고 생각하면 뱃사람의 길잡이가 되었던 별을 찾게 된다.

그런데 별은 항상 하늘에 있지만 어두워지지 않으면 빛나지 않는다. 어두운 밤 반짝반짝 빛나는 별을 보며 방향을 정하듯 갈 길을 모르는 우리의 인생도 표류하지 않으려면 별을 바라보아야 한다. 나에게 별은 영생으로 인도하시는 분이다.

　"그들이 별을 보고 매우 크게 기뻐하고 기뻐하더라"(마 2:10)

8

아이와 같은 마음

이러려고 그런 건 아니었는데 어떻게 이런 행동을 했는지 나도 내 마음을 모를 때가 있다. '왜 그랬을까?' 아무리 생각해봐도 도무지 나답지 않았다. 무언가에 홀리거나 조종당한 느낌이 든다. '왜 이 상황을 슬기롭게 넘기지 못했을까?'라고 물으니 마음속 아이가 대답한다.

사람 마음속에는 아이 같은 마음이 있어서 감정에 상처를 입으면 아무리 노력해도 참아지지 않는다. 그래서 아이처럼 언행을 하고 나중에는 후회한다. 아이와 같은 마음은 특히 배우자와 자녀 등 가까운 가족에게 상처를 준다.

마음속에 아이 같은 마음이 있으면 자녀를 엄격하게 양육하며 자녀가 잘못하면 가차 없이 처벌한다. 순간의 감정에 따라 처벌도 달라진다. 용납이란 것을 경험하지 못하고 자란 자녀는 훗날 냉정한 어른으로 성장해 남의 허물을 덮어주는데 인색하게 된다. 부모의 엄격한 지도에 학습되어 냉정한 인격이 형성되는 것이다.

  잦은 부부싸움의 원인에도 아이와 같은 마음이 있다. 어른의 싸움이 아니라 상처받은 마음속 아이의 싸움이다. 아이와 같은 마음을 가진 부부가 함께 산다면 아주 사소한 것에 토라져 서로 상처를 주고받는다. 그러다가 마음속 아이가 조용해지면 금세 사이가 원만해진다. 하지만 부부싸움이 잦으면 서로의 신뢰가 견고해지기 어렵다. 한쪽이라도 아이와 같은 마음이 치유된다면 마찰은 자연스럽게 줄고 평안이 찾아온다. 자신으로 인해 힘들었을 배우자에게 미안한 마음이 생기고 배우자가 불쌍해 보여 긍휼한 사랑이 움트게 된다.

  아이와 같은 마음이 자신을 괴롭힌다는 것을 알아야 한다. 마음의 상처가 크면 자신을 사랑하지 못하게 되고 사람들을 과도하게 의식해 마주하기 힘들어진다. 나 역시 가끔은 사람들이 모이는 자리가 어색해 말하지 않고 듣기만 할 때가 있다.
  겸손해 보일 수 있지만 사실은 자리가 힘들어 그러기도 한다. 그러나 뭐가 내 마음을 움츠리게 만드는지 모른다. 좋지 못한 감정에 휩쓸리는 내 마음을 나도 모를 때가 있다. 감정에 충실한 것도 필요하지만 이성적인 생각도 필요하다. 감정대로 하면 대부분 좋지 못한 결과를 가져오기 때문이다.
  치유란 심리적인 안정감을 되찾게 하는 것으로 마음에서 안도감이 찾아올 때 "치유되었다"라고 말한다. 사람의 잠재의식에는 분노, 원한, 억울함, 쓴 뿌리, 응어리 등이 담겨있다. 해소되지 않은 이것들이 무의식 속에 눌려 있다가 어떤 상황이 되면 선명하게 떠올라 순식간에 흥분된 감정 상태가 된다. 이런 감정을 없애는 것이 치유다.

우리 안에 있는 아이와 같은 마음을 어른의 마음으로 성장시켜야 한다. 흙탕물도 가라앉으면 맑아 보인다. 하지만 요동치면 금세 흙탕물로 변한다. 평상시에는 맑은 물처럼 살아간다. 그러다 감정에 상처를 입으면 아이와 같은 마음이 반응하는 것을 통제하지 못하고 한차례 홍역을 치른다. 이런 어른은 성장 과정에서 깊은 상처를 받았을 것이다. 가족, 친구, 선생님, 이웃 등 주변과 관련 있을 것이다. 상처받은 마음속 아이는 위로가 필요하다. 상처의 기억이 떠오를 때면 상처를 준 사람에게 욕을 하거나 소리 지르며 하고 싶었던 말을 외친다.

맘껏 외치다 보면 마음속 응어리가 조금이나마 풀리는 것이 느껴진다. 내 마음을 보듬어 주는 상대가 있다면 나의 상처를 털어놓아야 한다. 말하고 나면 홀가분해진다. 그리고 위로받은 따스한 지지가 마음을 녹인다. 그래도 해결되지 않는 상처는 기도로 맡긴다.

"상심한 자들을 고치시며 그들의 상처를 싸매시는도다"(시 147:3)

상처가 아물어지면 이제는 상처를 준 사람을 용서할 차례다. 마음속으로는 도저히 용서되지 않더라도 의지적으로 용서

해야 그 사람을 지울 수 있다. 아픈 기억들을 모두 떨쳐버릴 수 있다.

"우리가 우리에게 죄 지은 자를 사하여 준 것 같이 우리 죄를 사하여 주시옵고"(마 6:12)

용서는 나를 위한 것이다. 용서해야 나도 용서를 받는다. 용서하고 잊으면 정신적으로 편하다. 물론 한 번으로는 완전히 해결되지 않는다. 생각날 때마다 자주 내 마음속 아이를 위로해야 한다. 그러면 성장이 멈추었던 아이가 성장하고 아이가 성장하면 마음이 한결 가벼워진다.

사람과의 사소한 논쟁과 시비에서도 훨씬 자유로워진다. 독소 같은 말을 들었을 때 참지 못하고 바로 쏘아붙였던 예전과 달리 가벼운 마음으로 넘기게 된다. 앞에서는 억지로 참지만 마음까지 털어내지 못하던 과거와는 분명 달라진다. 그리고 스트레스를 받지 않는다. 그러다 보니 남들이 나를 좋아하고 반겨줘 대인관계가 좋아진다. 얼굴 표정도 밝아진다.

인상은 내면의 상태가 고착된 모습이다. 때문에 내 인상이 좋지 않으면 밝은 표정 연습도 필요하지만 마음의 여유를 가져야함을 명심해야 한다.

어린 시절 받았던 상처에 대한 감정이 무의식 속에서 꿈에 나타나며 도무지 이해할 수 없는 꿈을 꾸게 된다. 상처가 만들어낸 기억은 시간을 초월하는 커다란 영향력을 남기는 것 같다. 자신의 상처를 발견할 때마다 위로하고 용기를 북돋아 주어 자신을 행복하게 만들어야 한다. 그러면 자연스럽게 자신감을 되찾고 유연해질 수 있다.

누군가 모진 비난의 말을 하더라도 비난받을 이유가 명확하지 않다면 마음에 새겨둘 필요가 없다. 모두 지워버리면 그만이다. 건강한 마음을 무너지게 만드는 것은 거짓말이 대부분이다.

문득 끔찍한 생각이 떠올라 불안감에 휩싸일 때가 있다. 이럴 때면 내 생각을 조정하는 세력이 있음을 느낀다. 나쁜 생각에 휩싸일 때마다 그 생각이 떠나가도록 예수님 이름으로 외치면 곧 사라진다. 이런 경험은 무척 신비하며 영적 질서를 깨닫게 한다.

지인의 갑작스러운 사고 소식을 접한 후 불길한 징조의 꿈이 한동안 계속되었다. 아버지의 영향력 때문일까? 아이들도 악몽을 꾸었다고 한다. 한 방에서 같이 자면서 나쁜 영에 함께 사로잡혀 있다는 것이 불쾌했다. 이를 끊어내기 위해 생각을 바꾸었다. 생각이 바뀌면 무의식도 따라 변한다.

나는 유년 시절 홀로 시간을 보내며 사색하는 것을 좋아했다. 한글과 숫자를 전혀 모른 채 초등학교에 입학하여 기초 없이 시작된 수업은 상황파악이 안 되어 배움의 시작부터 막히고 힘겨웠다. 가정형편은 어려웠고 부모님은 농사일로 바쁘셨다.

우리 형제는 각자 알아서 공부해야 하는 상황이었다. 혼자 허덕이며 쫓아가며 힘들었던 기억이 있다.

당시에는 획기적인 생각을 자주 했지만 누구에게도 말하지 못했다. 남들에게는 훨씬 뛰어난 결론이 있을 거라고 착각했다. 내가 남들과 뒤떨어지지 않다는 것을 중학교 때 알았다. 그때까지 오랜 시간 동안 스스로 속고 살았다. 이렇게 자신감이 없었던 아픈 기억이 있기에 내 아이들이 모르는 것이 있으면 관심 있게 챙겼다.

내가 초등학생일 때 아버지는 이미 환갑이 넘으셨고 고된 농사일로 인해 허리가 굽으셨다. 나는 그런 아버지가 창피했다. 아버지는 내 친구의 할아버지와 동갑이셨다. 이 친구가 아버지를 "너희 할아버지"라고 호칭했지만 "할아버지 아니야. 아버지야"라고 말하지 못했다. 그리고 주변에서 "늦둥이가 태어나지 말았어야 했는데…"라는 말을 들으면 나 때문에 고생하시는 부모님의 처지를 알면서도 마음이 아팠다.

어린 시절 내 모습이 너무 싫었다. 현실에서 도망치듯 밤마다 눈을 감고 행복한 상상을 많이 했다. 꿈속에서 나는 완전하게 변신했다. 생김새부터 옷차림까지…. 세련되게 바꾸었다. 그리고 노년의 부모님을 세련된 젊은 부모님으로 바꾸었다. 슬레이트 지붕의 우리 집 역시 예쁜 한옥으로 바꾸었다. 환경을 바꾼 뒤에는 일상 역시 행복한 상상으로 가득 채웠다.

내 마음속에는 초라한 유년 시절에 받았던 상처들로 인해 아이와 같은 마음이 가득했다. 학창시절은 핵심 없는 성장이었고 청년 시절은 목적 없이 오르지 세상적인 성공을 향해 달렸다. 하지만 예수님을 알고 달라진 삶을 누리게 되었다. 내 안의 고집스러운 마음이 사라졌다. 꽉 막혀서 하나만 생각하는 모습은 줄어들었고 생각의 유연성이 생겼다.

"너희 안에 이 마음을 품으라 곧 그리스도 예수의 마음이니"(빌 2:5)

마음속에 증오의 감정도 사라졌다. 상처들을 털어버리니 마음이 가벼워졌다. 사람 앞에 당당히 설 수 있고 모르는 것도 당당하게 질문했다. 한꺼번에 달라진 것은 아니다. 시간을 두고 차츰 변화되었고 그렇게 성숙을 향해 나아가게 되었다.

9
갈증 해소의 열쇠

어느 날 갑자기 답답하고 우울하다.

종잡을 수 없이 갈팡질팡하는 마음을 스스로 이해하지 못한다. 도대체 나는 어떤 사람인가? 무언가를 털어놓고 싶어도 편하게 말할 상대가 없다. 사실은 내 마음의 상태를 정확하게 표현하기가 쉽지 않다. 복잡한 마음을 꺼내 놓아도 제대로 표현하지 못하면 다른 사람으로부터 "왜"라는 질문을 받게 된다. 그리고 이에 적절히 대답하지 못하면 나의 복잡한 마음은 "별것도 아닌 걸 왜 걱정해"라며 쓸데없는 걱정으로 전락하게 된다. 때문에 나는 쉽게 말문을 열지 못한다.

도대체 내 안에 자리 잡은 그림자가 뭐길래 정확하게 표현하기가 모호한지 답답했다. 그런데 바쁘게 살다 보니 잊고 지냈다. 그러다가 돌아볼 여유가 생기면 다시 그림자를 보게 된다. 나름대로 달려갈 길을 향해 분주히 살아왔건만 여전히 목이 마르고 갈증이 해갈되지 않는다.

사랑, 행복, 꿈, 물질 등 생각한 만큼 누리지 못했다. 늘 부족하다고 느낀다. 좀처럼 생각한 목표를 이루기가 쉽지 않다. 여전히 애를 써봐도 나아질 기미가 보이지 않자 한층 깊은 답답함이 느껴진다. 또 목표를 이루더라도 결코 만족하지 못 하는 내 안의 욕심을 만난다. 새로운 목표를 다시 세우고 여전히 목말라 한다. 예전 목표는 더 이상 중요하지 않다.

결코 만족이라는 것이 없다. 마음속에 만족 대신 욕심과 분주함 등이 자리 잡고 있으니 주변과 자주 부딪치고 삐걱거리기 십상이다. 상황이 이렇다 보면 상대를 아프게 하기도 하지만 내 안의 상처도 커간다.

마음을 가라앉히고 "왜 만족하지 못할까?"를 진단하면 이기적인 마음 때문이다. 손해 보지 않으려는 이기적인 마음은 주변과 끊임없는 갈등을 만든다. 눈부신 기술발전으로 편리한 생활환경에서 살지만 사람은 예전보다 행복하지 않다. 행복은 자족이다. 만족하는 마음이 줄어들면 행복을 느끼지 못하고 갈증만 깊어 간다.

감정에 치우쳐서 생각하면 감정이 부풀어 이성을 압도한다. 특별히 감정에 쉽게 휩싸이는 사람은 감정을 잘 다스려야 한다. 감정이 상해 기분 나빠도 사실을 부풀려서는 안 된다. 사실은 그렇게 크지 않은데 감정이 개입되어 과장해서 해석하면 감당하기 힘들어진다. 사실 그대로 바라보는 노력을 해보자. 감정에 휩싸여 살다 보면 더욱 어두운 그림자만 만들어진다.

감정을 조절하지 못하는 가장 큰 이유는 욕심이다. 욕심이 나를 목마르게 만든다. A 정도면 적당한데 욕심과 염려로 B나 C까지 얻고자 목표를 세우니 여유 없이 아등바등 애를 쓰게 된다. 그렇다고 해서 목표와 쉽게 가까워지지 않는다. 과도한 목표는 삶을 고달프게 만들 뿐이다. 비록 목표에 다가서지 못했더라도 그런대로 문제없이 살아왔다. 불안한 미래 때문에 오늘의 여유를 포기하면서 사는 것은 안타까운 일이다.

미래에 대한 염려가 오늘의 행복을 빼앗아간다. 사람의 성격을 급하게 만드는 것은 내일에 대한 염려가 한몫한다. 성격이 급하면 작은 일에도 쉽게 화를 내게 된다. 빨리 달릴 때가 있으면 숨을 고를 시간도 가져야 한다. 속도를 조절하면서 삶을 여유롭게 만들어 가는 자세가 필요하다.

필요한 것 이상을 가졌다고 평안을 누리는 것은 아니다.

필요를 채우기 위해서 애쓰는 것은 당연한 일이지만 넘치게 비축하려는 욕심이 오늘의 평강을 잃게 만든다.

인생에서 과도한 걱정은 결코 도움이 되지 않는다. 초등학생 때 BCG 접종으로 불 주사를 맞았는데 상상했던 것보다 아프지 않았다. 오히려 주사를 맞기 전에 잔뜩 겁을 먹고 초조하게 순서를 기다리던 시간이 더 고통스러웠다. 병영 생활 이야기를 선배들에게 듣고 무척 걱정했지만 막상 입대 후에는 큰 어려움 없이 복무를 마쳤다.

자신의 실력이 아무리 탁월해도 혼자 감당하려면 한계 상황이 오고 지치기 마련이다. 안간힘을 써봐도 가해진 짐의 무게를 감당하기가 어려울 때가 있다. 직접 해결하려고 애를 써봐도 풀리지 않은 한계가 느껴질 때 정신도 쇠약해지고 에너지가 소진되어 탈진상태가 된다. 기대했던 일의 결말이 허망하게 마무리되면 자신감을 잃게 된다.

자존감이 바닥까지 떨어져 답답한 마음이 나를 누를 때나 두려움과 염려가 쌓일 때면 기도를 한다. 신비하게도 마음이 편해진다. 누르던 짐이 벗겨진 듯 마음이 가벼워진다. 어떤 상황에서는 나를 도와주는 좋은 천사를 만나기도 한다.

기도 중에 떠오른 아이디어는 메모를 한다.

이렇게 메모하지 않은 아이디어가 나중에 기억이 나지 않아 답답했던 경험이 있다. 메모의 내용은 대부분 귀한 것으로 실천하려면 당장 수고가 필요하다. 하지만 시간이 지나면 현실적인 염려들에 휩싸여 처음 생각을 놓치게 된다.

일상에서도 좋은 생각이 떠올라 실천하려 했지만 곧바로 실행하지 못하면 잊어버리거나 생각이 바뀌기도 한다. 이렇게 생각을 빼앗기고 나면 조정 당한 기분이 들 때도 있다. 부모님께 안부 전화를 드리려다가 '지금은 바쁘니까 하던 일을 마무리하고 드려야지' 생각했는데 아예 못하는 경우도 많다.

지인의 어려운 사정을 듣고 돕고자 했는데 지체하다가 타이

밍을 놓쳐 못 도와드린 일도 있다. 과태료 납부기한이 오늘이기에 처리하려 했는데 바빠서 잠시 뒤로 미루다가 결국은 추가요금을 지불하기도 한다.

다시 처음으로 돌아가 내 안에 자리 잡은 답답한 갈증을 해결하길 원한다면 모든 상황 가운데 핵심을 알고 계시는 분께 해답을 알려달라고 해야 하지 않을까? 스스로 해결하지 못 한 풀리지 않던 문제가 순식간에 해결될 것이다. 예수님께 기도로 맡겼더니 해결되었던 놀라운 감격이 잊히지 않는다. 문제의 중심을 보시는 예수님께 해답이 있다.

"너는 범사에 그를 인정하라 그리하면 네 길을 지도하시리라"(잠 3:6)

10

행복한 인생 비결

인생에서 누리는 최고의 행운은 좋은 스승과의 만남이다. 소중한 인연은 절반의 성공이다. 좋은 스승을 만나서 귀하게 쓰임 받기까지 성장하는 것은 축복이다.

헬렌 켈러(Helen Keller)의 삶에는 설리번(Sullivan)이라는 위대한 스승이 있었다. 고대 그리스 철학이 플라톤(Plato)에서 아리스토텔레스(Aristotle)로 이어진 배경에는 소크라테스(Socrates)가 있었다. 우리도 누군가에게 좋은 스승이 되고자 힘써야 한다. 가까이는 가족을 건강하게 세워야 하고 더 나아가서는 다른 사람을 성장시키는 귀하고 가치 있는 삶에 힘써야 한다.

"큰 집에는 금 그릇과 은 그릇뿐 아니라 나무 그릇과 질그릇도 있어 귀하게 쓰는 것도 있고 천하게 쓰는 것도 있나니. 그러므로 누구든지 이런 것에서 자기를 깨끗하게 하면 귀히 쓰는 그릇이 되어 거룩하고 주인의 쓰심에 합당하며 모든 선한 일에 준비함이 되리라"(딤후 2:20-21)

귀하게 쓰임 받기 위해서는 내가 먼저 건강하게 서 있어야 한다. 외모와 태도는 물론 마음과 생각까지 정결한 모습으로 준비되어 있어야 한다. 먼지가 쌓이거나 때가 끼면 청소를 통해 깨끗하게 할 수 있지만 마음속에 자리 잡은 나쁜 생각은 쉽게 청소되지 않는다. 그래서 처음부터 나쁜 생각을 품지 않는 것이 중요하다.

"훈계를 저버리는 자에게는 궁핍과 수욕이 이르거니와 경계를 받는 자는 존영을 받느니라"(잠 13:18)

중앙선을 침범해 운전하거나 시위대가 바리케이드를 넘는 것은 위험한 일이다. 헌법과 법률로 정한 경계를 넘다 적발되면 처벌 대상이다. 눈에 보이는 경계 외에도 관습상의 경계도 많다. 통상적으로 허용되던 것도 상황이 바뀌면 지탄의 대상이 된다.

우리는 '양심의 경고'라는 경계 라인도 갖고 있다.

처음으로 양심의 경계를 넘으면 찔리는 마음이 강하지만 반복되면 둔감해지기 마련이다. 하지만 양심에 따라 살면 무엇으로도 표현할 수 없는 만족감이 든다.

우리는 자기 자신을 사랑해야 한다.

자신도 사랑하지 못한다면 다른 사람을 사랑할 여백이 없을 것이다. 자만이 아니라 건강한 자존심을 가져야 한다. 과도한 자만심은 주변을 불편하게 만들지만 건강한 자존심은 자신을 믿고 사랑하며 사려 깊은 마음이 있다. 칭찬하는 것에 인색하지 않으며 양보와 배려가 몸에 배어 있고 격려로 사람을 세워 간다. 중요한 것에 우선순위를 두고 책임감 있고 성실하게 맡은 일에 집중하며 좋은 성과를 내는 작은 감동이 삶 가운데 넘치니 모두가 좋아하게 된다. 이렇게 되기 위해서는 자신을 스스로 통제하며 양심에 따라 경계를 지키는 것이 중요하다.

유머는 고통의 순간을 웃음으로 바꾼다. 위기의 순간도 웃음으로 넘길 수 있다. 어색하고 딱딱한 순간에는 유머가 필요하다. 성공한 사람 중 고생을 많이 한 사람들은 완고한 경향이 있다. 타인의 고통에 둔감해 온정을 베풀지 못하고 오히려 자신은 더 큰 어려움을 극복했다며 타인의 나약함을 질책하기도 한다.

어린 시절을 불행하게 보냈다고 해서 노년까지 불행하게 사는 것은 아니다. 부부가 계속해서 서로의 사랑을 유지한다면 행복한 노년이 될 것이다. 노년에 불행하다고 느끼는 것은 경제적 빈곤도 있겠지만 사랑의 빈곤도 큰 몫을 차지한다. 나이가 들수록 의지하고 사랑하며 곁에 있어 줄 사람이 필요하다. 그것이 행복한 노년에 필요한 요소이다.

세계보건기구에서 정의한 건강이란 '신체적, 정신적, 사회적으로 완전히 안녕한 상태에 놓이는 것'이다. 질병으로 고생하면 육체적으로 건강하지 않다고 말한다. 배우자와 사별하고 혼자가 되면 정신적인 상실감이 크다. 실직으로 인하여 소득이 막히면 가정 경제에 어려움이 따르고 삶도 위축되어 사회적으로 건강할 수 없다.

우리가 건강하려면 육체적 건강 외에 정신적, 사회적으로도 행복해야 한다. 그래야 건강하다고 할 수 있다. 건강과 행복을 유지하기 위해서 손에 쥐고 있는 것을 언제 놓아야 할지 계획이 필요하다. 그것이 자녀라면 결혼과 함께 떠나보내야 한다. 자녀는 부모로부터 독립해야 행복한 결혼생활을 하게 된다. 자녀 외에 자리나 권력 등도 놓아야 할 때 놓아야 아름다운 마무리를 하게 된다. 반면에 평생 쥐고 있어야 하는 믿음은 잘 지켜야 한다.

인간은 누구나 풍성한 삶을 누리길 원한다. 하지만 풍성함을 읽어버리고 살 때가 많다. 삶에 대한 염려와 불안이 쌓여가지만 누구에게도 쉽게 말하지 못하고 답답한 심정에 한숨만 나온다. 어떤 때는 높은 산에 가로막혀 앞으로 나아가지 못하고 고립된 상황에서 간신히 버티는 것 같은 심정일 때도 있다. 이렇듯 험난한 나그네 인생길에서 꼭 만나야 할 분이 있다. 우리에게 생명을 주려고 목숨까지 버리신 예수님을 만나는 것이 행복한 인생의 비결이다.

"… 내가 온 것은 양으로 생명을 얻게 하고 더 풍성히 얻게 하려는 것이라 나는 선한 목자라 선한 목자는 양들을 위하여 목숨을 버리거니와"
(요 10:10-11)

예수님을 믿으면 사람의 본성까지 변화되어 풍성한 삶으로 회복되고 막혔던 일들이 풀려간다. 몽테뉴(Montaigne)는 〈수상록〉에서 우리 인생의 목표는 죽음이라고 했다. 삶의 마지막 과정이 죽음이기에 죽음도 삶인 것이다. 그렇다면 나의 시작을 작정하신 분께서 나의 마지막까지 주관하신다.

죽음을 전혀 생각하지 않는 것은 지금의 바람이다. 죽음 앞에서 마지막으로 준비할 사항은 이 땅에 나를 태어나게 하셨고 거두어 가시는 그분을 믿는 것이라 확신한다. 이것이 죽음을 위한 유일한 준비이자, 행복한 인생의 마지막 모습이다.

11

인생 여정

'나는 지금 어디로 가고 있는 걸까?'

정신없이 바쁘게 살다가 문득 이런 생각이 들 때가 있다. 대체로 만족하거나 큰 성공을 이룬 삶을 살다가도 지금의 길에 대한 확신이 생기지 않을 때가 있다. 그래서 이 길을 계속 걸어가야 하는지 새로운 길을 모색해야 할지 고민에 휩싸일 때가 있다.

'지금 하는 일에 최선을 다하는 게 맞는 것인지?'에 대한 확신이 없어 이 땅에서 무얼 해야 하는지 고민하다가 나는 누구이며 어떻게 이 땅에 왔고 어디로 가는지 궁금해졌다. 방향 없이 조류에 밀려 움직일 때마다, '내가 이 땅에 태어난 것은 필연이 아니라 우연일까?'라는 혼란한 생각이 들 때마다 '중요한 계획이 있는 것이 아닐까?'라는 궁금증도 들었다.

사실 '나는 누구인가?'라는 질문에 어떻게 답해야 할지 모를

때가 많다. 하지만 남들은 나를 너무 쉽게 평가하고 정죄하곤
한다. 나는 소크라테스(Socrates)의 "너 자신을 알라"는 말에 공감
할때가 자주있다. 자신을 잘 알고 있는 사람은 남을 쉽게 평가
하지 않는다.

자동차에 문제가 생겨 정비소에 맡기면 대부분의 결함은 곧
바로 수리된다. 그런데 간혹 정비소에서 고치지 못하는 문제가
있다. 이때는 자동차 부품을 설계한 직원들이 문제를 찾아내
해결한다.

위의 예가 적절한지는 모르겠지만 많은 사람들이 자신을 모
르는 이유는 자신의 출생에 관여한 것이 없기 때문이다. 해당
자동차의 설계에 관여한 직원들은 부품의 구조와 원리를 잘
이해하기에 문제를 찾아내 개선조치를 할 수 있다. 하지만 나
는 나에 대하여 직접 관여한 바가 없으니 자신을 잘 모르는 것
이다.

나의 출생은 내 선택이 아니었다. 내가 나라와 민족을 선택
한 것이 아니며 시대와 태어난 날을 선택한 것도 아니며 가문
과 부모를 선택한 것도 아니다. 부모님이 계시기에 태어난 것
은 맞지만 내가 부모님을 선택한 것은 아니다.

자녀를 잉태하고 출산하는 관점에서 보면 자녀를 만든 것은
부모님인 것 같은데 과연 그것이 맞는지는 잘 모르겠다.

한 가지 예를 들어보자. 내가 가구를 만든다면 미리 생각해

놓은 디자인대로 원하는 때에 완성한다. 내가 만든 만큼 목적대로 디자인해 편리하게 사용하게 된다. 나를 디자인하신 분이 부모님이라면 어느 정도 나의 행동과 속마음까지 훤히 잘 알고 있어야 하며 화를 내지 않고 척척 앞길을 열어주었을 것이다. 하지만 부모님은 나를 너무 모르셨다.

어느 부모님이나 마찬가지다. 부모도 자식을 모르기에 "내 속으로 난 자식이지만 정말 모르겠다"는 말을 하게 된다. 물론 부모와 자식 간에는 닮은 점도 많다. 하지만 차이점도 많아 우여곡절을 겪게 된다. 이것이 나의 삶의 모습이었다.

부모님이 나를 디자인하지 않았다면 난 정말 우연히 만들어 졌다고 생각할 수도 있다. 하지만 그렇지 않다. 세상 어떤 것도 우연히 만들어진 것은 거의 없다. 때문에 내가 우연이 아니라는 것은 나를 디자인하신 분이 있다는 뜻이다.

인간은 사회적 동물이라는 용어는 적절하지 않으며 사회적 존재라는 표현이 정확하다. 과연 인간은 어떤 동물이란 말인가? 인류의 기원을 동물에서 찾으려는 수많은 노력과 주장이 있었다. 사람의 시작을 동물로부터 본다면 너무나 비천한 시작이다. 하지만 하나님께서 나를 디자인했다는 믿음은 나를 고귀하고 가치 있게 만들어 준다. 나는 비천한 동물에서 출발한 것이 아니라 하나님께서 만드신 고귀한 존재이다.

우주가 우연히 생겼고 또 미개한 생명체들이 인간으로 진화

되었다는 관점에서는 인간의 존재 이유를 찾을 수 없다. 반면 성경에는 분명한 목적으로 우주가 만들어졌고(창 1:1) 하나님의 형상대로 사람이 창조되었다(창 1:27). 그래서 우주를 만드신 하나님의 존재를 알 수 있는 유일한 통로는 바로 나 자신이다. 우주를 지휘하는 힘을 느끼고 옳은 일을 하도록 양심에서 울리는 경고를 느낄 수 있다. 하나님께서는 생각을 자유롭게 펼칠 수 있는 존재로 사람을 창조하셨다. 때문에 인간은 정의로운 일을 할 수 있고 그릇된 일도 할 수 있다. 하지만 양심을 어기고 잘못된 일을 할 때는 마음속에 불편함이 느껴지고 때로는 불안을 느낀다(창 3:8).

우리의 불안은 우주를 만드시고 통치하시는 분과 생각이 다를 때 커진다. 인간은 불의에서 벗어날 수 있는 능력을 가졌다. 하지만 이를 외면하고 타락하는 것은 개인의 자유이다. 개인의 자유로운 선택으로 진정한 순종을 구별할 수 있다. 하나님은 마음속에서 우러나오는 순종을 원하신다(삼상 16:7). 모든 결정은 자유이지만 행동에 대해 책임져야 한다. 책임은 힘들고 고달프다.

하나님이 사람에게 지성을 주신 근본적인 이유는 하나님을 알아가는데 사용하기 위해서이다. 성경은 가르침이 가득한 책으로 하나님의 모든 거룩하신 지식의 원천이 담겨있다(딤후 3:16). 우리는 영혼의 가난함을 극복하기 위해 성경을 읽고 묵상해야 한다.

성경을 믿으면 하나님께서 나를 디자인하신 것을 알 수 있다. 하나님께서 나를 디자인하셨으니 우연히 이 땅에 온 것이 아니라 하나님의 계획에 따라 태어났음을 믿는다. 그래서 이 땅에서 오늘을 살아가는 이유가 있다. 인생은 나를 디자인하신 분을 알아가며 그분의 뜻대로 살기 위해서 애쓰는 과정이라고 생각한다.

지금까지의 설명은 하나님을 믿을 때 비로소 이해될 것이다. 눈으로 보지 못한 사실을 믿으라고 할 때 상대는 의심하거나 거부한다. 그리고 믿는다고 하지만 의심이 공존할 때도 있다. 완벽하게 믿을 때까지 의심은 계속된다.

하지만 의심이 사라질 때 믿음은 확고해진다(막 11:23). 내가 선택해서 믿는 거라고 생각할 수 있지만 이 믿음을 갖게 된 것이 은혜이다. 갈증으로 목마를 때 우물을 만나면 아주 반가울 것이다. 그런데 두레박이 없다면 물을 마실 수 없다. 두레박을 우물 안에 던져 물을 담고 끌어올려야 갈증을 해결할 수 있다.

우물을 은혜라고 비유하면 두레박은 믿음이다. 두레박 안에 있는 물은 우물의 양과 비교되지 않는다. 내 믿음이 아무리 크다 할지라도 은혜와 비교되지 않는다. 성경을 믿으면 은혜는 하나님께서 주신 것을 알게 된다(엡 2:8). 믿음은 두레박이 우물에 잠기는 것이다. 우리는 하나님의 은혜에 잠겨 살아갈 때 믿음을 지키며 살아가게 된다.

잘 산다는 것이 무엇인지 고민한다. 돈과 명예 그리고 권력을 누리는 것만으로 충분하다는 생각이 들지 않는다. 그래서 어떻게 살아갈지 몸부림치지만 소중한 인생을 빵 문제로 전전긍긍할 때 마음이 답답하다.

현실은 생각보다 무섭다. 일상의 필요를 채우려 분주하게 뛰어도 늘 허덕이게 된다. 매일 애쓰고 수고하지만 어디로 가는지 모른다면 표류하는 돛단배와 같다. 나의 발걸음이 목적을 향해 가는 수고인지 돌아보아야 한다. 삶은 방향성이 중요하기 때문이다.

위인들의 삶은 우리에게 교훈을 주고 동기부여가 된다. 미국 17대 대통령 링컨은 정의로운 조국의 대통령이 되고자 하는 분명한 목표가 있었고 남북전쟁에서 승리보다 하나님 편에 서고자 노력했던 위인이었다. 그 결과 노예 해방을 선언했다. 비록 비운의 죽음을 맞았어도 그의 삶은 위인전에 기록되어 회자되고 있다.

위인전을 남의 이야기로만 생각했는데 하나님께서는 모두가 위인이 되기를 원하신다. 그런데 위인이 되기 전에 먼저 의인을 찾으셨다. 의인은 죄인이지만 하나님의 은혜로 구원받은 하나님의 자녀로(요 1:12) 경건하게 살려고 노력한다. 하나님의 자녀라면 답답한 현실을 살면서도 '삶은 축복의 길을 걸어가는 여정'이라고 믿는다. 조금 어렵더라도 내 삶에서 드러나는 향기가 주변을 감동시키고 하나님 앞에 나갈 수 있게 한다면 이보다 큰 유익은 없을 것이다.

"의인은 고난이 많으나 여호와께서 그의 모든 고난에서 건지시는도다"(시 34:19)

"… 기록된 바 오직 의인은 믿음으로 말미암아 살리라 함과 같으니라"(롬 1:17)

죽음은 누구에게나 공평하게 주어진다. 우리는 모두 가야 할 때를 모를 뿐, 언젠가는 떠나야 한다. 그렇다고 죽음을 준비하며 살지는 않지만 눈앞으로 죽음이 예견된다면 여러 가지 분주한 마음이 들 것이다. 화해할 것도, 용서를 구할 것도, 갚을 것도, 나눌 것도, 위로할 것도 많을 것이다. 기력이 부족하면 하고 싶어도 안 되기에 평상시 미리 준비하면 마지막 순간에 딴생각 들지 않고 평안하게 죽음을 맞이할 것 같다는 생각을 한다.

인생의 마지막을 생각한다면 무엇보다도 인생의 제자리를 확인해야 한다. 죽음을 맞이하면 육체는 자연으로 돌아가지만, 영혼은 자신을 디자인하신 하나님께로 돌아가는 것(눅 23:46)이 제자리를 찾아가는 것이라 믿는다. 결국 인생은 나를 디자인하신 분을 만나 그분의 뜻대로 살려고 몸부림치다가 정하신 때에 되돌아가는 것이라 믿는다. 인간이라면 누구나 인생 여정의 마침표가 행복하길 소망한다. "…의인은 그의 죽음에도 소망이 있느니라"(잠 14:32).

왜 울어? 난 괜찮아!

이동성 목사

사랑하는 사람을 먼저 보내면서
아파하고 울고 있는 이들에게
'난 괜찮아, 우리도 괜찮아'라는
고백이 되길 바라며 아들의 병상에서 체험한
하나님의 은혜를 함께 나눕니다.

두 자녀를 잘키운
삼숙씨의 이야기

정삼숙 사모

미국의 예일, 줄리어드, 노스웨스턴,이스트만,
브룩힐, 한예종, 예원중에서 수석도 하고 장학금과 지원금으로
그동안 10억여 원을 받으며 공부하는 두 아이지만,
그녀는 성품교육을 더 중요시했다.

전도2관왕
할머니의 전도법

박순자 권사

1년에 젊은이 100여 명을 교회로 인도한
60대 할머니의 전도법과 주님께 받은 축복들!

이너힐링

우광성 목사

온갖 상처와 아픔에 노출되어 온 우리 삶의
모든 부정적인 모습들이, 단순한 치유를 넘어
주님 안에서 진정한 자유, 보람, 더 할 나위없는 만족,
그리고 대 감사에 이르게하는 성숙한 삶으로의 초대!

망망한 바다 한가운데서 배 한 척이 침몰하게 되었습니다.
모두들 구명보트에 옮겨 탔지만 한 사람이 보이지 않았습니다.
절박한 표정으로 안절부절 못하던 성난 무리 앞에 급히 달려 나온 그 선원이
꼭 쥐고 있던 손바닥을 펴 보이며 말했습니다.
"모두들 나침반을 잊고 나왔기에… "
분명, 나침반이 없었다면 그들은 끝없이 바다 위를 표류할 수 밖에 없을 것입니다.

우리는 삶의 바다를 항해하는 모든 이들을 위하여
그 나침반의 역할을 하고 싶습니다.
우리를 구원하신 위대한 주 예수 그리스도를 널리 전하고 싶습니다.

"하나님은 모든 사람이 구원을 받으며
진리를 아는 데에 이르기를 원하시느니라"
(디모데전서 2장 4절)

요즈음 아무 생각 없이 분주한 나

지은이 | 김선덕
발행인 | 김용호
발행처 | 나침반출판사

제1판 발행 | 2019년 9월 20일

등 록 | 1980년 3월 18일 / 제 2-32호
본 사 | 07547 서울특별시 강서구 양천로 583
　　　　블루나인 비즈니스센터 B동 1607호
전 화 | 본사 (02) 2279-6321 / 영업부 (031) 932-3205
팩 스 | 본사 (02) 2275-6003 / 영업부 (031) 932-3207
홈 피 | www.nabook.net
이 멜 | nabook@korea.com / nabook@nabook.net
일러스트 제공 | 게티이미지뱅크

ISBN 978-89-318-1583-2
책번호 가-1108
값은 뒷표지에 있습니다.